W A N G H E P I N G

T A N M I C H U N Q I U Z H A N G U O G U C H A N G C H E N G

望和平

探秘春秋战国古长城

徐伊丽 著

西安出版社

图书在版编目（CIP）数据

望和平：探秘春秋战国古长城 / 徐伊丽著 .— 西安：西安出版社，2022.2

ISBN 978-7-5541-5714-5

Ⅰ. ①望… Ⅱ. ①徐… Ⅲ. ①长城—研究—中国—春秋战国时代 Ⅳ. ① K928.77

中国版本图书馆 CIP 数据核字（2021）第 250057 号

望和平：探秘春秋战国古长城

WANGHEPING：TANMI CHUNQIUZHANGUO GUCHANGCHENG

著　者：徐伊丽

出 版 人：屈炳耀
责任编辑：李　丹
装帧设计：安　梁
责任印制：尹　苗
出版发行：西安出版社
社　　址：西安市曲江新区
雁南五路 1868 号影视演艺大厦 11 层
电　　话：（029）85253740
邮政编码：710061
印　　刷：陕西龙山海天艺术印务有限公司
开　　本：787 毫米 ×1092 毫米　1/16
印　　张：18.75
字　　数：211 千
版　　次：2022 年 2 月第 1 版
印　　次：2022 年 2 月第 1 次印刷
书　　号：ISBN 978-7-5541-5714-5
定　　价：68.00 元

序

Preface

长城远，长城长
——徐伊丽探秘春秋战国古长城

近来小住西安，见到了许多文友。其中有位河北籍的作家，他说他家在京东，我们都应该算生在燕山山脉、长城脚下之人了。我说，从大的地理环境看，此说法是不错的。其实，我家所在的北京东郊，那里距燕山和长城少说也得有100公里。

我第一次去长城是20世纪80年代的中学时代。我们那次去的是著名的八达岭长城。过去人们所说的到北京上故宫、吃烤鸭、登长城，这里所说的长城就是八达岭长城。我最早知道八达岭长城，是源于一种叫作八达岭牌的香烟。后来，又分别到过怀柔慕田峪长城、承德金山岭长城、秦皇岛的山海关长城和嘉峪关长城。

20世纪80年代，有三部纪录片，给我留下深刻的印象，即《话说长江》、《话说运河》和《望长城》。《望长城》由黄宗英领衔拍摄，后来又看了有关著名长城保护研究专家罗哲文先生与长城的故事，特别是前几年北京提出要建长城、大运河、永定河文化产业带后，使我开始有抒写长城的萌动。然而，写长城并非易事，它涉及历史、政治、文化、军事、建筑等很多方面，没有一定的知识积累根本无从下手。就在我踌躇满志而不知索然时，一个奇妙的女子出现在我面前。

奇妙女子叫徐伊丽，出生成长于武汉，工作在西安。这位来自长江边上的女子从事文学创作近二十年，出版了不少书籍，很早就加入了中国作家协会，按说她借力本该再扩大创作战果，可她这些年痴迷对各种文物古迹的研究，尤其是古长城和秦直道的研究。在这期间，她还反复考察郑国渠、灵渠、阿房宫、秦淮河、沙丘平台、秦驰道等等，为此写书、拍影视剧，干得有声有色。前年在一次微信交流中，她神秘地告诉我，她想在西安做一家秦直道餐厅，说她的商标都注册了。

徐伊丽开着自己的文化公司，做一些她喜欢的文化项目，往来于武汉和西安之间。我不清楚徐伊丽这些年挣了多少钱，她只说她把钱几乎全部砸在对秦直道、古长城等古迹的考察和宣传上了。她考察古长城，除了她自己，还要带上几个工作人员，开自己的私家车，一出去就十几天。到目前，她的双脚把战国到秦汉时期的古长城遗址几乎跑遍了，光她搜集的文字、照片、影像资料，足可以开个古长城博物馆了。

徐伊丽说，她研究秦直道23年，也研究长城23年，因为直道是矛、长城是盾，直道是箭、长城是弓，它们原本就是不可分离的一个整体。在这20多年徐伊丽收集到的无数资料中，至今没找到一本全面写春秋战国长城的书籍，即使有学院派专家写的论文，毕竟读者有限，普及性远远不够。而要想全面了解中国的历史，不得不对春秋、战国时期的长城、古城、古墓等都要有所了解，因为它们串联着中华上下五千年的历史。“我虽谈不上深入的研究，至少能提供一些翔实的资料，也算是为祖宗留下的这一伟大工程作出一点点贡献吧！”徐伊丽如是说。

本来，我和徐伊丽说好要一起写一些关于长城题材的作品的。前年年初，我都联系好了北京慕田峪长城和河北金山岭长城，想去那里深入生活。不料，我春月生病，就给搁置了。但徐伊丽并没有就此停下她前行的脚步，经过多年努力，她完成了《望和平——探秘春秋战国古长城》一书的书稿。该书从长城的起源、长城与战争、长城和当时的地形地貌以及各国当时的政治、军事力量和国力等来全面分析修筑长城的必要性以及长城的沿革，直到长城的毁灭，再到今天我们所能看到的长城残骸，结合历史事实和长城所在的地理环境，及现在的考古研究等，用图文并茂的形式来细说长城的前世今生，其内容丰富，资料详翔，阅读轻松愉快。毫无疑问，这本书是一部简明的文化读本，也是一部全面书写春秋战国时期七国长城的具有文学性和文献性双重组合的经典力作。

读徐伊丽的这部呕心沥血之作，使我不禁想到：2016年，我所供职的中国散文学会会同河北省滦平县人民政府共同举办了首届全球华人长城散文金砖奖，吸引了众多的作家参与。这其中给我印象最深的是一位来自河南周口的女作家。为了写好散文，她一个人坐高铁，换乘长途汽车来到金山岭长城，由于准备不足，她刚爬了二百米，鞋子就开绽了。无奈，她只好赤着脚一步一步登上烽火台。看着她的背影，我的心里除了感动还是感动。可以想象，徐伊丽考察古长城遗址肯定要比这位女作家更加艰难。在我看来，其难的不仅是精力、体力、财力，更多的是一种定力与韧劲。徐伊丽告诉我，有一年她带几个人到华山西面的魏长城去考察。由于是夏季，人们到了以后，实在不愿跟她去受苦，纷纷改主意去游华山。她只好一个人独自开车上路，没想到到了森林深处，根本没有路，她只好放弃车子，拄着登山杖前行。哪想，没走多远，竟然踩进沼泽，一下陷进半腰深，她惊恐喊叫救命，可周围一个人也没有。最后，她发现一米外有一棵小树，便急中生智奋力用登山杖把树钩住，这才勉强上来。坐地下歇了一阵后，她用纸巾擦了擦身上的泥污，便毅然地向山顶攀去。事后，她一想到这次经历就后怕，当时的她不过三十多岁呀！

我一直期待着徐伊丽能尽快写出关于长城的作品。现在，这部作品真的呈现在我面前，我在激动之下，竟不知用什么样的语言来表达我的喜悦之情。我觉得，最好的庆祝方式，就是当这本书出版的那一天，我和徐伊丽相约，带着这本大书一起去登长城，那一刻，我们会大声地共同高呼："我爱你，中国！"

红孩

2021 年 9 月 27 日于西安

（作者系中国散文学会常务副会长、著名散文家、文艺评论家）

目录

Content

序 / 1

之一：探秘楚长城 / 001

方城　长城之谜 / 002

惟楚有才——楚走楚路 / 014

不服诌 / 028

为了和平而进行的战争 / 039

之二：探秘齐长城 / 053

齐国简史 / 054

姜小白很霸道 / 058

齐长城造就的那些齐风 / 070

齐长城的往事 / 078

齐长城考察记 / 081

最愉快的旅行 / 092

长城与齐国灭亡 / 097

之三：探秘郑韩长城 / 107

小国微历史 / 108

郑韩也筑长城 / 114

韩国已远去 / 124

之四：探秘魏长城 / 129

魏长城雄姿依旧 / 130

魏国简史 / 135

我与长城不得不说的故事 / 147

历史印记 / 152

没有永久的胜利 / 160

之五：探秘赵长城 / 171

赵国简史 / 172

赵长城之源 / 176

精读赵长城 / 187

细说长平之战 / 192

赵亡解析 / 204

之六：探秘燕长城 / 211

奇奇怪怪说燕国 / 212

燕国简史 / 224

最魅的长城——燕长城 / 233

之七：探秘秦长城 / 247

龙的传人龙的梦 / 248

矛与盾划了一个弧线 / 258

战争与和平 / 266

秦长城的功与过 / 275

后记 / 283

CHU

之一 探秘楚长城

楚长城是长城之父。据史料记载，世界上最早的长城诞生在楚国，当时的长城在史书上被称为『方城』。秦统一六国的过程中，秦楚战争最为激烈，尽管最后楚军还是失败了，但是在秦伐楚的三年中，战争始终是在楚长城周围展开，楚军也有过多次胜利，楚长城尽它最大的可能发挥了护楚的作用。

方城 长城之谜

中国最早的长城是楚国的方城。当时的长城在史书上被称为“方城”，就因为这个“方城”二字，给楚长城带来了无限的“麻烦”。因为很多人据此认为最早修筑城防军事工程的是楚国，即方城，但最早修筑长城的是齐国，因为“长城”二字最早出现在齐地。

“方城”，从字面意思看就是将楚国围起来，不受外敌的侵扰，从而形成一个巨大的围墙。这应该不是方城的本意，方城很可能只是几百里长城中的一个地名，不是长城的全部。而且此时的楚长城已经过了人防或者防洪墙时期，它已经不是一堵普通的墙，而是有厚度的城墙，所以取名“方城”。

西汉时桓宽《盐铁论·险固》载：“楚自巫山起方城，属巫黔中郡，设捍关以拒秦。”记载的是楚肃王四年（前 377）蜀国军队前来伐楚，夺取楚国的兹方（今湖北省松滋市），于是楚国将长城修到了巫山黔中郡，而后在黔中郡设置扞关。值得注意的是，《盐铁论·险固》说的是“楚自巫山起方城”，而不是长城。关于这个“方城”没有一个人否认它不是楚长城。这个方城不是指河南方城县的方城，而是楚国从楚地修到了今天重庆巫山奉节一带的方城，这也是长城研究学者认为楚长城向西修到了重庆巫山的证据。所以毋庸置疑，公元前 656 年齐桓公看到的楚国方城就是长城。

楚长城遗址

最早记载与长城有关的事件和时间居然不是楚国在修建长城时的自我宣传，而是跟齐国的霸主齐桓公有关，也就是说楚长城一出现就是跟战争有关，而且它的诞生为楚国立了大功。

齐桓公三十年（前 656），齐桓公自恃强大，先是率领齐、宋、陈、卫、郑、许、鲁、曹八国诸侯联军征讨蔡国。征讨蔡国的原因是齐桓公的夫人原是蔡侯的妹妹，齐桓公二十九年（前 657），齐桓公与夫人蔡姬在船中戏耍，蔡姬熟悉水性，齐桓公是个旱鸭子，蔡姬便摇晃游船，齐桓公很害怕，制止蔡姬，蔡姬感觉好玩，仍不停地摇晃，齐桓公下了船，很恼火，派人把蔡姬送回了娘家蔡国，但并没有休了蔡姬，还是保持着婚姻关系。蔡国的国君缪侯感觉齐桓公有点小题大做，夫妻之间玩耍而已，居然把妹妹送回娘家，使得缪侯很没面子。缪侯越想越气，因为国力不胜齐国，又不敢去攻打齐国，但平白遭受如此奇耻大辱缪侯也不甘心，于是一气之下，将蔡姬改嫁了。桓公知道后大怒，于是发兵去讨伐蔡国。

本来弱小的蔡国不是任何一个诸侯国的对手，齐桓公居然兴师动众召集八国军队去攻打蔡国，所以没有悬念，蔡国很快被击溃，但齐桓公并没有灭掉蔡国，只是虏获了缪侯。不久以后，其他诸侯国感觉桓公该出的气也出了，缪侯也被羞辱得差不多了，就都劝齐桓公见好就收，捉这么一个人也不好玩，不如放了缪侯，齐桓公也感觉无趣了，才将缪侯放回蔡国。两百年后，也就是公元前 447 年蔡国被强大的楚国所吞并，正式灭亡。

这一次行动齐桓公虽说出了气，但他的威严不足以施展，于是决定率领诸侯去跟日益强大的楚国较量一番。春秋时期，礼仪健全，很少有无理取闹的战争，齐桓公打蔡国还情有可原，莫名其妙杵到楚国来，楚国很恼火。楚成王也想不出齐桓公这次伐楚的原因，于是派人去质问齐桓公："我有什么错？为什么要侵犯我的国土？"

在典章制度健全的周天子统治时期，胡作非为还是会受到申斥的，找一个简单的借口不足以糊弄过去，于是齐桓公姜小白就骄傲地打着一个特别响亮的旗号——尊王攘夷替天行道。齐桓公的仲父回答说："从前召康公授命我先君太公说，'五侯九伯，你有权利征讨他们，以此来辅佐周王室。'赐给我先君势力范围，东到海滨，西到黄河，南到穆陵，北到无棣。楚国的贡品包茅没有给周天子交纳，使得天子的祭祀不完备，因此特来责问。还有从前周昭王南征没有回去，因此特来查究。"

可见公子小白齐桓公这次要去欺负楚国的理由是多么的牵强。其实他这么做更是没把周天子放在眼里，此时周王朝已经在逐渐缩小，并且已经衰弱了，而齐桓公无论是讨伐蔡国还是进军楚国，都没有征求过周天子的意见。

包茅是啥？包茅就是南方最常见的一种茅草，又叫菁茅。虽有资料显示包茅盛产于荆山山麓南漳、保康、谷城一带，实则这样的茅草全国各地都有。我小时候过年，家中就常备有一把茅草，年三十夜全家老少要盥洗干净，着装新衣，由家族中年长者手托托盘，托盘中放一条完整的腊鱼、一刀腊肉、一盘果品，一对燃烧中的红蜡烛放置在香案两边，中间一个烧有三炷香的香炉，长房长孙手持包茅和祭祀用的黄纸紧跟长者，其他人跟随其后，在腊月三十晚十二时走出家门，找一个空旷的地方祭祀。由长者点燃茅草，再点燃黄纸，一边烧，一边给祖先和神灵汇报一年来家族中的情况，并计划明年的事情，希望得到庇佑，最后放鞭炮，磕头后拿上贡品回家。包茅是荆楚之地家家都有，也家家必备的讨年祭祀用的茅草，平时用此草喂牛羊，真不是啥稀罕的东西。甚至在湖北广大农村地区，至今还用包茅煮饭烧水。

我曾在北京琉璃河西周燕都遗址博物馆里看到一段文字，是关于周成王时期对燕国进行大封仪式的记载，这里面提到了包茅的作用：首先是在国社向神盟誓，然后在太庙向周的先王举行祼祭。祼祭时才用包茅，即把郁鬯美酒（一种用郁金香泡过的黑黍酒，它主要是用于祭祀和斋戒沐浴，而不是供人饮用）浇灌在包茅草把上，淋洒圭瓒祼玉，再挥洒到地上，以兹祭祀列祖。然后是成王进行享献，并由成王进行册命，册命包括赐爵和封疆授民。封疆体现的是命克（有可能是燕召公的长子，燕国第一代国君）侯与燕，以及克抵达后纳土和接管有司，授民则是分六个部族归克统管。整个过程都应该是由太保带克进行的。

以包茅祭祀自古有之，可能是自黄帝时期就流传下来的习俗。也就是说在楚国没有出现之前，包茅祭祀早已存在，包茅也并非只有楚地才有。

齐桓公以这么小的一件事情为借口去攻打楚国实在是有些小题大做了。

在这里我还得说说齐国当时的情况。公元前 685 年，公子小白在与公子纠争夺王位时用了几匹好马，也用了一点心计，取得了胜利，是为齐桓公。即位后，齐桓公在一代名相管仲的辅佐下苦心经营，使得齐国一跃成为春秋时期最富庶的国家之一。顺便说一句，中国第一个国家经营的妓院就是这时候出现的。中国的大规模经商及垄断贸易也是这时候出现的，齐国在很短的时间内富甲一方，将其他诸侯国迅速扔在了后面。经济壮大了，国家自然强大了，这当是齐桓公一生中最得意、最自豪的事情。

周成王时期，成王的叔父管叔、蔡叔作乱，淮夷（商周时期生活在我国东部的黄淮、江淮一带的古少数民族）反叛周朝。周成王当时年幼，国政由其叔父周公旦打理，周公旦是一代名枭，自然知道如果从中原发兵，必会劳民伤财，还会耽误时机，所以让朝廷派召康公授命齐国的国君太公望（姜子牙）去平定叛乱，并说："以后东边到海滨，西边到黄河，南道穆棱，北到吴棣。五等诸侯，九州长官，你都有权利征讨他们。"也就是这时候开始，齐国有了征伐大权，成为大国。而此时应该是在公元前 1045 年左右，齐桓公的这次无理伐楚距此已经过去近 390 年了。王位可以世袭，没听说授命可以世袭的，况且我们能看到的关于这次授命的记载，只提到是给齐的开国之君授命，并没有交代这是可以世袭的授命。

太公望姜子牙是齐国的开国君主，此人在历史上的威望我就不在这里

楚地遍地都是包茅

赘述了。他是周朝的开国元勋，以有功被封诸侯王（他可能和周文王是儿女亲家，周武王姬发的王后很可能是姜子牙的女儿，因为有记载周成王是姜子牙的外孙）。

管叔是何许人也？管叔是周文王姬昌和太姒所生的第三个儿子，周武王的亲弟弟，周公旦的哥哥。蔡叔是何许人也？蔡叔是周文王姬昌和太姒所生的第五个儿子，也是周武王的亲弟弟。管叔、蔡叔皆有封国，都曾是周初三监之一，管叔姬鲜受封于管国，今河南郑州一带，那可是中原最富庶的地方之一。蔡叔姬度受封于蔡国，今河南上蔡一带，也是中原最富庶的地方之一。三监还有霍叔，周文王姬昌和太姒的第八个儿子，被封在霍国，今山西霍州。他们三人之所以能成为周初的三监，不仅仅是因为他们同周武王姬发是同父同母的兄弟，还因为他们在周初都是立过大功的。武王姬发灭商后，封商纣王的儿子武庚禄父管理商朝的旧地（今河南安阳）。

殷商的遗民侍奉的依旧是殷商的主子，行的是殷商的礼仪，自然特别高兴。武王为防武庚叛乱，特意在朝歌周围设邶、鄘、卫三国，将商王畿分为三部分，设三监治理。三监地域北地为邶，南地为鄘，东地为卫。所谓“监”，即监督殷商遗民防其造反。可见周武王对自己的这三个弟弟的信任。然而，殷商移民还没来得及造反，武王的这三个亲兄弟反而联合起商纣王的儿子武庚禄父一起造反。造反的理由是武王死了，成王年少，周公代理国政，蔡叔、管叔和霍叔认为周公旦不利于成王，要取而代之。于是联合武庚禄父与殷商旧地东夷的徐、奄、薄姑等方国，串通叛乱反周。当时局势十分严重，管叔、蔡叔、霍叔以及武庚与东夷地区的叛乱，严重地威胁了周王朝的安全。周初武王定都镐京（今陕西西安），这些反叛的国家都在周之东方。而徐国在今山东郯城以北一带，奄国大概在今山东曲阜县境内，薄姑在今山东博兴县境内。这些国家虽小，但历史悠久，如徐国是在夏禹时，伯益因辅佐治水有功，其子若木被封于徐。其他国家也一样，都是东方很古老的诸侯国，而且这些国家都离齐国很近，于是周公旦让太公望发兵平乱是再正常不过的了。我前面也说了，据说姜太公是周成王的外公，让外公帮外孙还有什么不放心的？

这些小而老的诸侯国离京都远，周王朝不好直接治理，成王让外公代为治理就顺理成章了，于是就有了以上那一段话。但是这段话是有界限的，不是四海之地有不合乎情理的都可以由齐国去征伐。“东至海，西至河，南至穆陵，北到无棣。”东边到海滨这个好理解，齐国的东面就是渤海、黄海，西至黄河，最远也就是到山西太原以西，陕西华山以东。南至穆陵，春秋时期的穆陵位于山东潍坊市临朐县大关镇与临沂市沂水县马站镇交界处。北到无棣，据新编《无棣县志》载，古无棣在今山东省西北庆云县。所以公子小白（齐桓公）于公元前656年去讨伐楚国的行为实在是他想炫耀一下国力，找个借口而已。先不说周成王当时是在特殊时期给齐太公一个人的授命，就算是这个授命也如同封国一样可以世袭，那楚国也不在这个授命被征讨的范围之内，何况征讨的理由不过是一些不值钱的包茅。

但齐桓公就是去了，不但自己去了，还带着八国军队去了，他也知道只说包茅的事情是有些牵强，于是又说周昭王南征没有回去，“昭王之出不复，是以来问”。周昭王姬姓，名瑕，西周第四任君主，周康王姬钊之子。《竹书纪年》载，周昭王三次南征，第一次“伐荆楚，涉汉，遇大兕（犀牛）”，第二次“天大曀，雉兔皆震，丧六师于汉”，第三次则“昭王南征而不复”。这就是关于周昭王伐楚的全部内容了。周昭王也有点姜小白的架势，但是他的智慧却远不如姜小白，历史对他的评价是“王道微缺”。他三次伐楚是为了平息叛乱，也是为了夺得楚国的财宝，尤其是战略物资——铜，铸完兵器还要铸一些其他用品等，因为楚国荆山一带产铜。昭王三次伐楚都遇到了一些麻烦，第一次遇到大犀牛，当时人们相信天道，认为不吉利。第二次伐楚又遇到大风，气候恶劣，将士惊恐，他还执意出兵，结果军队损失惨重，六师全军覆没。第三次就更可叹了，昭王不知去向，甚至他的六师之军也都从此杳无音信。

周昭王是周文王的玄孙，周武王的重孙，周成王的孙子，周康王的儿子，地位显赫得不得了，在以周天子为中心的周初，周天子不见了，这可不是一般的事件。但与此事有关的史料却非常少，战争情况更是不详。此后，昭王的儿子穆王甚至“与敌为伍”，在此事过去仅仅十四年后邀请作为诸侯国的楚国一起参与讨伐徐国的战争。这事是不是就更蹊跷了呢？

这里还得赘述一下。周初最早的楚国和齐桓公讨伐的楚国还不是一回事。“楚”有两种，一个是指后来强大的诸侯国楚国，第一代楚王叫熊绎。另一个是指南方的楚蛮。楚蛮不是楚国，而是中原地区对荆楚土著的统称。楚国的开国之君熊绎是在周成王时期受封的，土地才五十里。就说楚人再有韧性，再有能耐，再能吃苦，到周昭王伐楚的时候也不过五十年，楚国还不足以让周昭王动用六师且亲自三番五次去讨伐。在周昭王时期，楚蛮占地比楚国大出很多倍，它占据了今汉水中上游的丹江地区和下游的汉东地区，且占住了铜矿主产地——铜绿山，以此推断，周昭王当初征伐的不是楚国，而是楚蛮。当时铜是重要的战略资源，需求广泛，夺取铜矿也是周昭王屡次出征南下的目的之一。

可见齐桓公这次讨伐楚国无论从哪个角度看都是站不住脚的。

再说了，就算是周昭王南征而不复，可此事距离齐桓公这次伐楚已过去近三百四十年了，所以说这次齐桓公伐楚实在无聊至极，是想显摆，想以大欺小，以多欺少的一次炫耀而已。

面对齐桓公的借口，楚成王派去的大臣屈完回复说：“没进贡包茅，有这件事，这是我的罪过，哪敢不供应！周昭王出来巡狩没有回去，您应当到汉江边上去查问啊！”齐桓公也知道这个借口真不怎么地，所以才又来询问三百多年前失踪的周昭王的事情。现在才想起过问，也太没道理了吧！再说即使你齐国有权过问此事，那三百多年间怎不见齐国其他君王来过问？这是明显《狼和小羊》的故事，狼要吃羊，却偏要找个借口说下游的羊把上游狼的水弄脏了。但楚国可不是小羊，所以屈完说：“昭王之出不复，君其问之水滨。”你应该到汉江边去打问，跑到我这里来干什么？跟我有什么关系？

齐桓公就是想发兵欺负一下楚国，哪管你说啥啊！于是在楚地边沿玩够了后还是坚决要打楚国。楚国是一个硬气的国家，既然要打，那就打呗！于是楚成王派楚国的大夫屈完率兵抵抗齐军。齐军退驻召陵。就在此时齐桓公还不忘向屈完夸耀自己的实力，想让楚国知难而退。屈完笑了笑，说：“您这样不讲理是行不通的，得以道义服人才行。不是您的兵多士众所有的国家都会怕您，您强大，楚国也不弱，您想像欺负蔡国一样欺负楚国，门儿都没有。我楚国以方城作为城防，以长江、汉江作为壕沟，也是铜墙铁壁，现在的楚国非周昭王时期的楚国，您想攻打没那么容易。您怎么能够前进呢？”齐桓公自知理亏，再打下去若攻不下楚国，反而被楚国咬上了，真是“偷鸡不成蚀把米”，想炫耀反而让其他国家看笑话也划不来，再看看屈完的自信，以及楚国深谋远虑的城防，想着靠战争也得不到好处，于是就和楚国订立盟约，让楚国按时给周天子缴纳茅草后带兵离去了。

这一次的离去对齐桓公的触动挺大的，他回到齐国，也命人在齐国的边界修筑城防，号曰“长城”。齐国、鲁国、晋国、中山国、燕国、赵国、秦国、魏国、郑国（韩国）等国都纷纷在边界修筑长城。秦统一六国以后连接和修缮战国长城，东起临洮，西至嘉峪关，始有万里长城之称。再后来历代都将长城作为最重要的军事防御工程之一，周边其他民族建立的政权也学着中原修筑长城，如金朝就曾在边境西部修筑长城。这段长城从东北的嫩江之滨到西南的黄河河套，是一段长达近四千公里的军事防御工事。工程分东北、西北、西南三路。齐齐哈尔段金长城属于东北路的一段，也

楚长城遗址

是金修长城最早的一段。直到明朝结束，清朝建立，长城的修筑才告一段落。在这近两千九百年的长城修筑史中，上演了无数的故事，有的凄楚哀婉，有的轰轰烈烈，有的大道康歌，有的孤魂遍野。

齐桓公无理取闹进攻楚国是在公元前 656 年，而此时楚国的方城早已存在，这是否能够证明楚国方城的修建要早于这个时期？

像这样其他诸侯国家去攻打楚国，见到楚长城后知难而退的事件在古代文献上还有不少记载。《左传》记载，楚穆王二年（前 624），晋国的处父伐楚以救江，到了方城，遇到息公子朱，因楚有方城，不好攻，便撤军离去。楚康王三年（前 557），晋国大夫荀偃率军伐楚，入侵到了方城之外，由于防御严实，没能进攻，只好撤离而去。这些事例不仅说明了楚方城在防御外敌侵扰上的功用，更能证明方城不是一座城，而是连绵不断的城防。《汉书 · 地理志》上说：“南阳郡，叶，楚叶公邑。有长城，号曰方城。”

北魏郦道元《水经注》上的记载更为详细。《沉水》条上记载：叶县东面有故城一道，从鲁山县（今河南省鲁山县东南五十里）开始，东至泌水（今泌阳县北），西达比阳（今唐河）界，南北连联数百里，号为方城，是为楚长城。郦县也有故城遗址，号为长城。南北朝盛弘之《荆州记》载："叶东界有故城，始犨县，东至溮水，达沘阳界，南北连绵数百里，名为方城，一谓之长城。"

因此不难看出，楚长城最初是由列城发展而来的，即一系列依地形排列而成的防御型小城相连，最后形成数百公里甚至上千公里的长城。

从现有长城遗址所在位置，再结合历史文献记载，我们已知的楚长城它的西头应该是从重庆奉节捍关到今天湖北的竹山县，跨汉水辗转至河南的邓州市，往北经内乡县，再向东北经鲁山县、叶县，往南跨过沙河直达泌阳县。从现在的地理位置来分析，这一道长城正好处在当时楚国都城郢都的西北和东北面，对防御较为强大的诸侯邻国秦、魏、齐、韩等的进攻是很有效的。

惟楚有才——楚走楚路

关于楚长城是长城之父还存在一些争议，争论的主要原因也是从齐桓公伐楚这件事上来分析的，有人认为屈完说的城防是方城，而不是长城，认为方城应该只是指挥前沿阵地的军事城池，不是长城。长城是长条状，方城应该是四四方方的城，而且楚国当时已经很强大，不需要修长城作为防护。这个说法很牵强，我认为是不能成立的，直到秦灭楚，楚国都是战国七雄里数一数二的大国，如果要以此为由认为楚国无须修长城，那楚国后面更不应该修长城，那今天的楚长城遗址是怎么来的？从春秋至战国时期到秦汉唐宋直至今天，我们屡屡见到关于楚长城的记载以及它在历史上发挥的作用，如果弱小者才会修长城，那楚长城只能是在更早时期修建，在楚国国力还不强大、国土面积很小的时候修建。但如果国力虚弱，楚国有能力修

楚长城烽燧遗址

建长城吗？楚国的经济实力和人力资源能支撑楚国修长城吗？修长城对于任何一个国家来说都是大工程，国家不强大，国力不强盛是不可能完成这项任务的。

当然按照字面意思去理解，方城是方的，长城是长的，似乎也有一定的道理。楚国确实修筑有至少 500 公里，至多 1500 公里的长城，并且经过今河南方城县，但这个长城是不是在春秋时期修建的我们可以逐一分析分析。为了说清楚这个问题，我们得先来说说楚人。

《史记·楚世家》说，楚之先祖出自三皇五帝之一的帝颛顼高阳氏。《左传》上说："颛顼氏有子曰黎，为祝融。"而《史记·楚世家》说："楚之先祖出自帝颛顼高阳。高阳者，黄帝之孙，昌意之子也。高阳生称，称生卷章，卷章生重黎。重黎为帝喾高辛居火正，甚有功，能光融天下，帝喾命曰祝融。"《左传》说，颛顼之子为黎（作犁），《史记·楚世家》记载，黎（祝融）是高阳之重孙。尽管有出入，但至少我们知道黎这个人是存在的，而且楚之先祖出自颛顼氏。楚人就是黎的后人。黎（祝融）后来就成了火神的代名词了。

史书记载，火神祝融在与水神共工的战斗中牺牲，祝融的弟弟吴回接替火神之位，继续为火神。吴回生子六人，其中第六个儿子名季连，为"芈"姓，是为楚之先祖。

季连氏后世子孙鬻熊是真正开创楚之先基的人，他在商代末年是季连部落的酋长。当时正值商朝衰微，鬻熊审时度势，率领部落投靠正在起事的周文王，在协助周文王的过程中鬻熊有勇有谋，协助周武王灭商。鬻熊受到周文王的器重，周文王拜鬻熊为老师。史书记载，鬻熊不只是文王之师，还是周朝多位君主之师。南方才子北方将，最早可能说的就是楚之先祖鬻熊吧！鬻熊不仅仅是楚国基业的奠基人，还是西周初期重要的政治家、思想家，是世代楚人顶礼膜拜最为光荣和自豪的祖先。

《楚居》记载楚之来历，说鬻熊有子熊丽，熊丽出生之时，母亲难产，巫医把他母亲肚腹剖开至胁部，可能是无法缝合，就用一种叫作楚的荆条绑起来。后世楚人因这个荆条的名字而得名，命名为楚。这是楚之起源。而《史记·楚世家》记载的是鬻熊的曾孙“熊绎当周成王时，举文武勤劳之后嗣，而封熊绎于楚蛮，封以子男之田，姓芈氏，居丹阳”。因此熊绎是第一个被周天子加封的楚君。楚人从此有了正式的国号和族名“荆楚”或“楚荆”，他们的封地在楚蛮部落的范围之内。因为只有五十里，所以只占很小的一个角落。

“荆”与“楚”是同一种植物，据考，此植物现名为牡荆，是马鞭草科的一种落叶灌木。古人用来做刑仗，虽柔，却很有韧劲，专门用来鞭打犯人。犯人受鞭打叫“受楚”。“受楚”是件痛苦的事，所以“楚”字又引申有“痛苦”的意思，如痛楚、苦楚。楚地人还称自己的妻子为“拙荆”，“拙荆”有三层意思，第一层意思是为了纪念鬻熊的妻子生子剖腹后用粗糙笨拙的荆条捆绑愈合伤口的贤德和女性的伟大与顽强；第二层意思是楚地女子和男子一样开疆辟土共建家园，而女子头发长，不便于劳作，于是女子顺手摘下一根荆条当发簪，男子心疼妻子，称妻子为“荆室”“拙荆”，或简称为“荆”，再后来成为男子对外人介绍妻子的一种谦称；第三层意思是，楚地荆棘遍野，野兽出没，有妻亡者入土，夫折荆覆土，以避兽扰。体现楚地人重情重义，对亡妻也不忘保护和爱护。久而久之，“拙荆”“荆室”广为流传，传入全国各地，被人引用。《太平御览·卷七一八·钗》引《列女传》：“梁鸿妻孟光，荆钗布裙。”意思是说，梁鸿的妻子孟光，以荆枝作钗，粗布为裙，生活俭朴。而“拙”原意是愚笨，此指谦称“自己的”。因此，“拙荆”就被用来谦称自己的妻子，又可称为“拙妻”“拙内”。所以人们至今说起自己的妻子若用“拙荆”都是带有一种怜爱和心疼，还有几分得意的。

“楚”是当地产的一种比较常见而有名的荆条，质地较柔软，以至于后来人们一说起荆楚之地，就想到荆棘遍野，龙荒蛮甸。楚人从古至今都以勤劳著称，楚之先人筚路蓝缕，披荆斩棘，奋发图强，逐渐壮大、强大，到称雄一方是因为受地域的限制，逼迫人们必须坚强勇敢，所以楚国是英雄的国家，楚人是英雄的人民，他们跟荆楚一样，游刃有余，能屈能伸，刚柔并济，无坚不摧。在面对齐桓公伐楚时，楚人先礼后兵，进退自如，不失尊严地解除了战祸。有方城作屏障，长江、汉江作壕沟，长江、汉江是地利，方城则如长城、直道是统治者智慧的象征。水能载舟，亦能覆舟，智者会审时度势利用自然条件为我所用，愚者也能为他人做嫁衣裳。如秦直道，秦汉时期是攻打匈奴的利器，而到了十六国时期，却被匈奴首领赫连勃勃所利用，成了赫连勃勃进攻中原的军事要道。赫连勃勃将他的皇城修建在秦直道边上，城有四门，南曰“朝宋”，东称“招魏”，北名“平朔”，西谓“服凉”。可见赫连勃勃的目标和野心有多大。

但方城（楚长城）是被智者利用，因此修筑以来，为维护楚国人民的安全，使他们少受战争的侵扰立下了巨大功劳。

前面我已经提到，楚之开国君主熊绎虽被周天子封国，但地位极其低下，只是“男”爵，《礼记·王制》：“王者之制禄爵，公、侯、伯、子、男，五等。”也就是说“男”爵是诸侯之中最低的爵位。楚国分封于荆楚蛮荒之地，最初封为男爵，楚国弱小，无权争执，到周夷王时，周王室开始衰微，诸侯强大。周夷王想有一番作为，反而适得其反，比如他烹杀齐太公姜子牙的后人齐哀公，就是为了震慑诸侯，让诸侯来尊周王室。楚国不被其他诸侯国看好，尤其是周天子，当时楚国熊绎的曾侄孙熊渠为楚王，熊渠很得江、汉一代的百姓欢心，楚蛮之地的人们也都纷纷向其靠拢，其他诸侯国笑话楚国乃“南蛮”。熊渠使得楚国迅速强大起来后，也参与到纷乱的掠夺战之中，最先是起兵攻打庸国、扬粤和鄂国，很顺利，占领了大量楚蛮之地。别人说楚国是南蛮，熊渠说：“我蛮夷也，不与中国之号谥。”他僭越周礼将自己的三个儿子封为王，大儿康为句亶王，二儿红为鄂王，三儿执疵为越章王，皆在长江两岸楚蛮之地。直到周厉王时，熊渠害怕残暴凶虐的周厉王讨伐他，就自己去掉了儿子们的王号。约一百四十年后，楚武王熊通即位，熊通是一个很有作为的国君，在位时间长达五十一年之久。但他比他的祖先熊渠守规矩一些，也更可爱一些。《史记·楚世家第十》记载，“三十五年，楚伐随。随曰：‘我无罪’。楚曰：‘我蛮夷也。今诸侯皆为叛相侵，或相杀。我有敝甲，欲以观中国之政，请王室尊吾号。’”楚武王非常有意思，他去攻打随国，不夺钱财不掠地，只为了让随国的国君去跟周天子说，我虽住在蛮夷之地，现在诸侯都在发动反叛战争，相互侵犯，而我现在很强大啊，我有军队，可以参与中原的政事，请王室尊崇我的封号，我愿意为王效劳。

楚武王真的非常有意思，他在位时期经常干这种事情，去攻打周边小国，只是为了让这些小国的国君去跟周天子说要增加封号，而这些小国国君也怕挨打，乖乖跑去将话告知周天子，周天子不予理睬。直到楚武王三十七年，周天子还是不答应。熊通发怒了，说："我的祖先鬻熊原是周文王的老帅，早年去世。周成王举立我的先公，封给子男等级的田土，让他居住楚地，我们治理有方，励精图治几百年，蛮夷部落全部归附我们，周王既然不肯加封爵位，那好，我自己加封好了。"于是立自己为武王，当时只有被他打败的随国同意此事。也就是从这个时候开始，楚国更是开垦白濮之地，发展壮大。

十四年以后，楚国已经很是强大了，应该是接近或者超过了许多比较强大的诸侯国，也有可能是周天子闲下来了，看着楚国的发展势头有点害怕，但不敢质问楚武王，而是将倒霉且可怜的随国国君叫过去质问。楚武王以为随国国君背叛了他，很是生气，发兵去攻打随国，却病死在出兵途中，楚国只好撤军作罢。楚文王即位，开始建都郢。这时楚国已经很强大了，长江和汉江周围的小国家无不畏惧楚国。楚文王在位十三年去世，一番折腾以后，熊恽即位，是为成王。楚成王广泛布施恩德，与各国诸侯续接旧日友好，并派人向周天子进献贡品，周天子也默认了楚国的地位，并赐给

楚长城夯土层

楚国祭肉，让楚成王去平定南方蛮夷百越的叛乱，不要让这些蛮夷来侵犯中原。

故事到这里，应该是一个非常完满的结局。楚国强大了，周天子也默认其地位，楚国也开始帮周天子稳保一方安宁了。可就在这时，齐桓公强大起来，侵略了蔡国不过瘾，想来灭楚国的威风，于是就出现了开头的一幕。

我之所以赘述了半天历史，是想说一说楚国的发展历程，在楚武王时期，虽说楚国很强大，但没有强大到无所畏惧，所以才会去攻打小国家为自己在周天子面前讨封爵，而不是去攻打大的诸侯国或直接攻打周王室问鼎中原。这证明楚国还不是特别强大，当周天子质问随侯时，楚武王以为随国国君背叛自己，所以怒而要去攻打随国，证明楚武王自封为王底气不足。试想楚国在自封为王后楚武王也是有过担心和忧虑的。楚武王在位五十一年，他自封为王时已经是三十七年的事了，在楚武王后期，他应该还是有些忐忑的，所以一边发展经济，开拓疆土，一边做好防御工程，这个是完全有可能的，而且楚国当时也有这个实力修筑长城。

退一步分析，即使在楚成王时期没能修筑方城（长城），在楚文王时期也是有可能的。史料记载，楚国为“控霸南土，争强中国”，约在楚文王二年（前 688）伐申过邓之后，在南阳东北开始修筑长城，设缯关。该长城自今河南鲁山到湖北竹溪至方城山，经泌阳入唐河，而且楚国一直派重兵把守楚之北境。

缯关又名大关口、仙翁关，位于今河南省方城县独树镇大关口村，现在黄石山西麓有楚长城大关口（缯关）遗址。东侧残存南北二道土城垣，高 1.5~3 米，全长 180 米，南北城垣相距 250~380 米，南城垣北侧有土台 7 个，似为驿站或马面遗迹。西侧也有二道土城垣，全长约 400 米。两面山坡上仍存有土石墙和要塞等建筑遗迹，1981 年出土之铜戈、铜镞均为春秋战国器物，是考证楚长城修筑时间的可靠依据。此段长城先是东北走向，到拐河镇后又呈西南走向，东接小擂鼓台山，西连大擂鼓台山。在方城县大关口村之所以设有缯关，是因为此处曾经是缯国的地界，早在春秋时期，楚文王二年（前 688），楚国征服了汉水以东诸侯国之后。率军向北挺进，顺便灭掉了缯国，并将缯国正式纳入楚国的疆域版图。为了防止周、郑、秦、陈、蔡等国的入侵，楚文王在缯国设置“缯关”，并在此基础上修筑城防，也就是我们后来说的方城，并将当年缯国的都城加以利用作为关塞屯军戍守之用，也有可能根据需要又修建过军事城防、兵站等。

以上这些是结合历史资料和方城县县志以及现代文献资料的分析得出的。其实 “方城”一词，最早出现在春秋《左传·僖公四年》之中，书中记载：“君若以德绥诸侯，谁敢不服？君若以力，楚国方城以为城，汉水以为池，虽众，无所用之。”

这段话中的“方城”指的是方城山，即今天河南省方城县境内东北处的长城山。楚长城只是方城的一部分。关于楚长城的长度，众说纷云，有学者考察楚长城全长 800 多公里，竹溪县官方文载说楚长城有 1500 多公里，现在文献记载最多的是楚长城全长 500 多公里。楚长城在方城长约 36.5 公里（这个数据不一定准确，因为各种考证测量的结果都不尽相同，至今关于楚长城全长多少公里，现存遗址有多少公里都没有一个权威系统的数据）。当然楚长城并不是单一的线路，除北面南召至鲁县两县间是单一线路外，东线和西线又各有内线和外线，东西两线形成四条线路。确定的楚长城墙体 30.51 公里，历代被破坏而消失的楚长城墙体约 25.37 公里、山险 81.34 公里，共计 137.22 公里。方城县境内的楚长城被后人称为中国的长城之父，再加上方城城邑位处楚国与中原诸侯国之间的咽喉要道，各国交往使节均需自此经过，方城城邑之名在楚国时就名扬天下，各诸侯国人民普遍把“方城”这个城邑名称作为楚长城和这个辖区的代称了。

今天的方城辖地在春秋战国时期名叫“阳城县”，古之所谓“方城”，是指阳城县境内的方城山，据《魏书·地形记》中记载，正式以“方城”作为县名，开始于南齐开国皇帝萧道成年间，距今已有 1500 多年的历史了。从春秋时的楚地开始，在漫长的朝代更迭中，方城几易其名，春秋至秦朝时置阳城县；汉朝时改为堵阳县；北魏时始置方城县，后又无数次改名，有的历经时间太短，已无法考证，金代时置方城为裕州，辖管方城、舞阳、叶三县。1913 年裕州废，又叫方城县。

方城县早在距今 7000 多年前的新石器时代就有人类活动，是中华文明的发源地之一。现存有古缯国遗址、楚长城遗址、博望古城、炼真宫、普严寺、佛沟摩崖石刻等文化遗址。

方城历史悠久，文化积淀丰厚，几千年的文明史，铸就楚风汉韵的雄浑与细腻，造就了这片灵秀的土地，也养育出了众多的贤哲名士。方城人杰地灵，物华天宝，曾吸引着李白、王维、元好问等文人墨客到此吟诗作赋。

方城到底是什么，它是不是长城？《淮南子·墬形训》曾记载方城乃古九塞之一。

我曾探访南阳方城界楚长城遗址，此段长城应该是在207国道两旁，路边立有一个“楚长城遗址碑”。路北好像有人为了开发旅游，修筑了一段长城，又不知什么原因被推掉了一部分。上到山顶，长城没有影踪，但路边立有石碑为楚长城遗址。估计是此段长城因为年代久远，被人遗忘而荒废。路北有个观音寺，香火还挺旺盛，此处距鲁山县城35公里左右，处于鲁山、汝州、宝丰交界。其山不高但连绵不断，石岭起伏不平，沟涧崎岖幽深。山顶有三五户人家聚居，村落的东面与北侧能见到有盘山蜿蜒的古城墙痕迹，到底是长城还是古城就不好说了，不远处路边有烽燧遗址，孤零零的，残高约4米，人为夯土层很明显，土层中也夹杂着一些布纹瓦片。烽燧的正面还有阶梯的痕迹，证明此处不是古墓或土山包。此处应该是有古长城的，可惜毁坏严重，看不出当初的模样。找了一个向导，费了一些周折徒步到一座不算高的山上，向导介绍这山叫“方城山”，一下引起了我的注意。方城山？史书上关于方城山的记载很多很多，《左传》：文公十六年（前611），楚侵庸，“及庸方城”。杜注：“方城，庸地。上庸县东有方城亭。”《元和志》卷二十一竹山县：方城山“在县东南三十里。顶上平坦，四面险固。山南有城，周十余里”。王羲之《四郡游记》称“临海之南有方城山”即指此。唐时改称王城山，宋时称方岩山。那我就想，是不是先有方城山，后有长城，而人们还是习惯将此处叫方城？既然有“方城”，那肯定是有过四方城的，既然此处是军事要塞，那肯定在此有过城，而且这个城肯定在长城之前就有的。山因城而得名，此处这一段长城也是因这个城而得名，这应该是必然。《太

楚长城关垭

平寰宇记》《山海经》等书里类似这样先有建筑后有名的地名比比皆是。至今人们仍习惯将新修的道路或者大型建筑以近处原有的建筑名而命名。

我们知道任何一个军事工程的修筑肯定不会是单一的，如修长城肯定会有敌楼、垛口、烽燧等。既然方城是楚国重要的防御工程，那肯定会屯兵，像秦直道上有阳周古城、丰林城一般，方城先修建有城池，安顿下将士和民众，再慢慢修筑长城完全有可能。因为长城跨度太大，此工程并非一朝一夕能完成，在修筑过程中肯定会在不同的长城段取不同的名，以便区分。先修城池就以城池为名命名为方城。或者方城是在有长城之前的地名，这里曾经是古庸国，庸国自然也有都城的，这个都城大概是方的，此地长城以此为名也有可能。长城跨度大，因地名而称之好区分，何况此处长城就是在方城山上，正如湖北天门市，是因为天门山而得名。

方城山不高，但崎岖，山势险峻，站在山顶往北望，居高临下，有着“一夫当关，万夫莫开”的气势，恢宏、威武而不失尊严，利于防守。往南望，重峦叠嶂，连绵不断，长城遗址很明显，逶迤蛇行，望不见头。山如同一个簸箕形，在此处向南伸展聚拢，翠绿葱茏，站在山巅，放眼望去，如同一个巨大的绿城，这会不会也是方城山名之原因呢？

山上建筑物废墟很庞大，许多废墟已经融入山体之中，证明时代很是久远了。从脚卜的石料堆来看，此地自是有过非常庞大的建筑群，长城痕迹很明显，而且此处长城有一定的厚度，证明这里不只是修筑过长城，至少应该有过碉楼或者驿站、兵站之类的建筑。建筑石材与山石相吻合，是就地取材而成，石头是不规则的石块，许多都已经回归山体和泥土之中。石堆里偶尔能发现一些风化后的骨头，牛骨、羊骨、鸡骨和不知名的小动物的骨头都有，或许也有人骨，只是时代久远，被风化得厉害，很难辨认，除非带回实验室研究。

长城在此处还是经常可见，忽而只能见到看不出模样的废墟，忽而能见到一小段还能看出长城形态的残垣断壁，忽而也能见到比较完整的长城遗迹，多为不可达，只能远观。这也符合春秋战国长城的特色。秦灭六国之前，几乎每一个国家都在自己国之边界筑有长城，长城到战国时期几乎成了所有国家之标配，也是一个国家的军事实力的象征。到秦灭六国以后，为了完成国土之大统一，于是将原有各国边界的长城都推掉了，保留至今还能看到遗迹的战国长城多在人迹罕至的崇山峻岭之中。古时人迹罕至，今天也人迹罕至，长城在野外原始状态下除了被自然风化，几乎不会被破坏，所以保存了下来。

据考古资料显示，楚长城跨度很大，北至河南南阳市南召县，西至重庆奉节捍关（白帝城），全长约 1500 公里。如果以《左传》第一次记载的“僖公四年，楚国方城以为城，汉水以为池”为始，到《史记·楚世家》记载楚顷襄王二十二年（前 277）“秦拔我巫，黔中”为楚国修筑长城的终点，楚长城的修筑时间前后应该有 379 年。如果按楚文王二年（前688）开始修筑，到楚顷襄王二十二年，建造和使用楚长城应该有 411 年。但我认为楚长城的修筑和使用时间应该更长，更久。因为楚长城在战国晚期秦楚战争中也发挥了重要的作用，直到南宋襄阳大战应该还在发挥作用。

第三次全国文物普查时，河南考古研究所对豫南地区楚长城做过一次全面考察。河南省文物考古研究所根据前期掌握的情况和文献资料以及实地考察情况，发现现有的楚长城主要分布在豫南的平顶山、南阳、驻马店、信阳 4 个地级市的 25 个县（区）。通过调查走访，确定在河南境内的楚长城遗址墙体 30.51 公里，被历代破坏而消失的楚长城墙体约 25.37 公里、山险 81.34 公里，共计 137.22 公里。根据这次调查的结果，目前已基本掌握了平顶山市叶县、舞钢市，南阳市方城县和驻马店市泌阳县境内的楚长城分布线路，为研究楚长城提供了许多依据和详细的数据资料。

另外，根据《左传》记载，楚成王十六年（前 656）楚以长城拒齐，证明至少这时，楚长城已开始使用，加之目前已经发现了数量很多、保存较好的楚长城遗址，相关记述也颇多，这帮助我们理清了楚长城的分布概况，也在一定程度上证明了楚长城是我国最早的长城，为我国的长城修建史找到了源头和依据。

2009 年 6 月至 9 月，河南省文物考古研究院对舞钢市平岭长城遗址焦桐高速叶县至舞钢市段穿越区进行抢救性考古发掘，发掘面积 1500 平方米。此次发掘的楚长城墙体内所出遗物大部分为春秋时期的，少量为战国早期的，未见晚于战国时期的遗物。平岭长城年代下限不晚于战国时期，亦与文献记载的楚长城时代一致。

2016 年 5 月 10 日，中央电视台 4 套《远方的家》播出的《长城内外·探秘楚长城》给现存的在河南境内的楚长城遗址画了一个路线图，鸟瞰这段长城，就是个巨大的 U 字形，并猜测这就是楚长城叫方城的原因。至于楚长城为何叫方城，这里我给出的答案已经很多了，每一个答案都是可成立的，所以我认为，楚长城号称是世界上最早的长城应该毫无悬念了。全长 1500 公里的楚长城，应该是经历了春秋到战国两个时期，跨越 400 多年修筑完成的军事工程。它是楚国的一面盾牌，也是楚国北大门上的一把锁，为楚国的安全提供了强有力的保障。

不服诌

楚地至今流行一句口头禅“不服诌”，意思是“我就是不服你”。但这个“诌”是后来人为这个方言配的一个字，原意应该是“不服周”。“不服周”，为何“不服周”不言自明。早在春秋早期，周夷王在位时，楚之先祖熊渠就自行将自己的三个儿子封王于长江两岸。到周厉王时，因周厉王暴虐，熊渠害怕周厉王讨伐楚地，就极其不情愿地去掉了儿子们的王号。其实此时周王室已经开始衰微，楚国已经开始强大。楚人自封王号，也是认为自己强大到可以跟许多东方诸侯国平起平坐了，可又因为不想引来战争，不得已自己去掉王号，此时楚人肯定是不服周的。

又历经 11 代，约 180 年后，到楚武王三十五年（前 706），多次征求周天子意见，想加封王号被拒绝，熊通自封为王，是为楚武王。之所以敢自封楚王，自是不服周的。事实证明周也对楚这个迟到的“蛮夷”国家心怀芥蒂，尽管给了楚人封地，但是在各方面都在压制楚国，不服周的楚人还是执着地抬头北望，周是没有任何办法的，只是象征性地训斥了当时被迫无奈承认楚国为王的随国君主而已。

到楚庄王时期，楚国已经是春秋五霸之一，史载“八年，伐陆浑戎，遂至洛，观兵于周郊，周定王使王孙满劳楚王。楚王问鼎大小轻重，对曰：

‘在德不在鼎。’”“问鼎中原”这个成语就是从这儿来的。不只是楚庄王问鼎，楚灵王、楚顷襄王都问过中原周朝的鼎。鼎是王权的象征，用楚庄王的话说，楚国人将自己的衣带钩解下来的铜，都足以铸造很多鼎了，问鼎中原，不是稀罕那九个铜鼎，而是在挑战周的权威。不服周的不只是楚国人，想问鼎中原的也不只有楚国人，各国都在窥视周之鼎，只是有野心，城府深，不说罢了，秦武王灭周，想试试鼎的轻重结果举鼎而亡。各国的野心是司马昭之心，人尽皆知，然而没有人像楚人这么耿直，这么直接，因为楚人“不服诌（周）”。

楚人常被称为九头鸟，这是一种神话传说中的鸟。一说此鸟有九个头，也有说这种鸟会变脸，头和脸都能变成九种颜色。九头鸟凶悍，好斗，如楚地人们一样有野性。所以一直有“天上九头鸟，地下湖北佬”的说法。

楚人不只是不服周朝的一家独大。周虽国力衰微，但能延续800年，更多是靠文化。周不肯承认楚国的王号也是因为楚国的文化背景与周有很大不同。楚国的强大如同楚人的祖先一样，完全是靠筚路蓝缕、真刀真枪干出来的。

在这里还得延伸说说楚国灭亡的原因，跟不服诌，独来独往，英勇好斗有着直接的关系。

楚国，这个历史上曾经一度强大的国家，在秦灭六国的过程中曾经顽强地拼死反抗，最终还是被秦国所灭。楚国灭亡的原因不是楚人坐以待毙，而是楚国太过于骄傲，太过于要强、自大了。

原本楚国地大物博，国富民强，民风彪悍；楚人大多性情暴戾，少言

古郢城东城墙内侧

好斗，自恃清高，善使短枪，难舞长矛，利弊皆在于此。有人把楚人比作猴子，猴子不像龙、虎般厉害，却又比猪、兔强悍，脑子转得快，精明，对你好时可以为你去卖命，不好时纯粹一泼猴，不好惹。遇事不冷静，不善言辞却好动武，楚国也是靠着这些发的家。因为楚人团结，只要是乡音，就能一呼百应聚在一起亲如一家，这是楚人的优势。所以当时跟秦国打仗，明知秦国虎狼之师，楚连周都不服，自然是不服秦的，我不说去追着打你，你来到我的门前，我总不能坐以待毙。

那就打呗，楚人很自信，因为楚国富有，楚人爱自己的家乡，自然会团结起来誓死反抗。这是楚王自信的最大原因。当然，秦有百万雄师，楚国国力也不可小觑，跟秦国实力相当，当时应该是能跟秦一较高下的。

楚人闲时独自为王，一个人是一个人的王国，谁也不服谁，自己经营自己的小王国却也有声有色、乐在其中。战时一致对外，这是楚人的基因使然，也是楚人独有的特色，这是优势，也是劣势。以下两个故事就能说明一切。

有一次，楚国人想去偷袭宋国，就先派人去测量澭水的深浅，并做好标志。谁知澭水突然暴涨，楚国人不知道，仍然按照旧的标志在深夜中涉水过河，结果淹死一千多人。

这个故事说明楚人太过规矩，照章办事是楚人一向的做法，在这个问题上楚人没少吃亏，屡屡失败，却屡教不改。这确实是一个很奇怪的现象。就像楚国当初屡次向周天子要爵位一样，尽管不服诌，自己给自己封了王，却也还规规矩矩地向周天子纳贡。

治理国家如果没有法度就要混乱，如果死守法度、一成不变就会发生谬误。无论是谬误还是混乱，都是不能保住国家的。社会变迁了，时代进步了，如果统治者的决策不知道合时宜的改变，就如同依标过河一般非死即亡。

第二个故事也比较有代表性。说楚国有个边城叫卑梁，那里的姑娘和吴国边境的姑娘在边境采桑叶。游戏时，吴国的姑娘弄伤了卑梁的姑娘。卑梁人带着受伤的姑娘去责备吴国人。吴国人出言不逊，卑梁人十分恼火，杀死吴人走了。吴国人就去卑梁报复，把卑梁人全家都杀了。卑梁的守邑大夫听了大怒，于是发兵去攻打吴人，杀了不少吴人。吴王知道这事后更为恼火，就派人领兵去攻打楚国的边境，攻占后才离去。楚王知道后也不依不饶，发兵与吴国交战，最后楚国战败，吴国俘获了楚国的主帅潘子臣等人，并获得了楚平王的夫人。于是楚国和吴国结下了不解之仇，两国交战不断。

这个故事读者若仔细看就知道问题出在哪。楚人很自信，他们筚路蓝缕从五十里地一路发展成大国，虽说有磕碰，但总体上是顺利的，而且越挫越勇，所以楚国从国君到大臣，到平民百姓都格外自信，武夫似的自信，吃不得一点亏，也不善于用言辞去解决问题。打人的结果是挨打，杀人的结果是被杀。这就是楚人的弊病所在，也是楚国最后衰弱和灭亡的原因之一。

《孝经》上说："高却不倾危，就能长期保持尊贵；满却不外溢，就能长期保持富足。富贵不离其身，然后才能保住他的国家，而且安定他的人民。"可见楚国的不服诌姿态不是处处都有用的。凡是主持国事，在不了解事情的前因后果时就头脑一热颟顸行事，好肢体运动，不好脑力运动的国家能不危险吗？楚国最后的亡国大战也是这个道理。

秦灭楚是战国末期最惨烈、最精彩的战役之一，秦人好武力，楚人也不弱。尽管秦灭楚耗费的时间不如秦灭赵长，却也符合楚人的性格，无论生死，速战速决，宁可站着死，也不愿屈着生。

楚国几乎没有出现过大奸卖国者，虽败犹荣。尤其是最后国破家亡的时期，楚人坚守节操，为楚国存留了最后的尊严。

楚君治国灵动，因地制宜，君主集权，却又不擅权，保留原有楚蛮各部落应有的权利，并以王师之名授予他们合法的权利。从而民众忠君，全民尚武，所以楚国的疆域越来越大，君主的权力也越来越大，楚国也就更加富强，不服诌就很自然了。

尽管楚国在春秋时期得不到中原正统文明的认可，被其他诸侯鄙夷为南蛮，楚国也不作太多的计较，自行发展壮大才是硬道理。所以楚国一度成为战国时期称雄一方的大诸侯国，这也是楚国越来越自信的原因。

然而，正因为楚国从上到下遵循的是自谋发展，单打独斗，因此很少接受外界的新事物和新思想，而是按照自己的想法和原则发展。我们几乎在史书上找不见楚国依附哪个国家而生存之类的记载，楚人就是楚人，靠人不如靠己的信念根深蒂固，不去依赖就不会有伤害，头可抛，血可流，

楚长城关垭界墙

尊严不能丢，这就是楚国人的生存信条。

战国时期，很多国家都历经变法改革，而且都从中尝到了甜头，楚国对此却不太热衷。

尽管楚国也启用吴起变法，但却随着吴起被杀很快失败。从吴起入楚到吴起被楚国贵族杀害，一共将近六年。这六年中还有一个君臣磨合的过程，这六年中楚国还在不停地发起战争，变法自然会受到影响。

假如这些都不存在，吴起入楚的目的直接就是奔着变法而去，可仅仅不到六年的时间楚国的变法能取得什么成效呢？事实证明，吴起变法虽然取得了一些成效，但因遭到楚国贵族的反对，因而被放弃，变法失败。

一个国家，没有规矩不能成方圆没错，但是真正的强大也不一定是要靠克隆的方法去完成，楚国就给世人传诵了这一道理。

孙皓晖先生在《大秦帝国》里对楚国最后战败也很痛惜，他说：“假如楚王负刍更为明锐，假如项燕的‘退兵淮南，水陆并举而长期抗秦’的方略能够实施，假如项燕拥立昌平君成功，假如楚国的封邑军战力如同主力大军，假如战场没有大雾，假如楚军粮草充足兵器精良，假如楚军不退兵移营而继续原地相持，假如项燕选择了一条更好的退兵路线而不奔蕲县，甚或，假如秦军统帅不是王翦……楚军能获胜吗？楚国能保住吗？”

孙先生的结论是——不能。

我本人是非常认同的，假如以上的一切假如都成立，楚国不一定能保国这是对的。但是楚国真正的灭亡原因还远不在这些假如上，也在国之储备不足。这个储备不是经济，而是强将太少，能臣不足，国君太弱，摇摆不定，调度欠妥，奸臣当道，所以误国失国。因为从春秋到战国，各个国家之间都在发生战争，人们已经习惯了被战争侵扰，楚国四面作战，有胜有败，楚国国君和民众都很自信，从来都没把“亡国”二字跟楚国扯上关系。楚国这样的大国不是秦国一口能吃得了的。所以当时忽视了这场战争的严重性，也就错过了战机。

这里面还有一个重要原因就是，最初秦王嬴政派李信、蒙恬带了二十万的秦军伐楚，结果被楚将项燕大败。即使后来王翦带着秦国的举国之兵去攻打楚国，最初很长一段时间也只是屯兵不动，静观其变，这也让楚国人轻敌了，没把秦国这一老一小看在眼里。如果楚国一开始就重视起来，用举国之兵抵抗李信部队，将李信的二十万秦兵关在楚长城以内，而后如同秦赵长平之战一样，逼迫秦军投降，那么也许楚国不会被灭，秦国的实力也被大大削弱，战国可能还会持续很多年或者很多代。即使秦国还有实力开展统一战争，那至少也给这东方六国留有思考和准备的时间，最后谁胜谁负，鹿死谁手还真不一定。结果这个不服诌狂妄自大的楚王给自己上了惨痛的一课，白白错过了大好战机。

《史记·楚世家》在关于秦灭楚的事件上好像不愿意多费笔墨，一笔带过。但是我作为两千年后的楚地人，对此还是有着一定的发言权的。其一，楚人固守传统，太过于自信，不愿意俯下身子向新兴崛起的大国学习，不服诌的性格同样也看不起跟自己曾经的地位差不多的秦国，太过于轻敌，完全是按照自己的传统思想治理国家，如果能利用好楚长城——北方屏障的优势，熟读吴起兵法，灵活运用，楚国在长城周围设埋伏，诱敌深入，应该不会吃这么大的亏。可惜了，可惜了！

其二，正因为楚国是不被其他国家看好的“非我族类”，加上楚王的自我感觉良好，能吸纳到的人才极少，外加嫉贤妒能，使得本土如同屈原一样的有识之士非死即逃。一个国家没有大量的人才辅佐，这是很可怕的一件事情。看看秦之所以能成就大业，有多少贤能之士辅佐？楚王身边能数出来的能人微乎其微，怎会不灭亡？

其三，战国晚期，楚国国君还是太弱。如果说魏国是能才庸君，楚国最后的国君却是无才彪君。在整个抗秦战争中，我们始终听不到楚君的声音。负刍本来就是靠杀弟夺位，由此看出此人乃一介武夫。所以楚国拼死与秦抗战到底也情有可原，如果国君有思想，有远见，用迂回之战、避实就虚行缓兵之计，外加曾经在秦国做相后反秦的楚公子昌平君、昌文君兄弟俩的协助，楚国至少不会在短时间内消亡。

其四，宣传不到位，太过于轻敌。楚国地域辽阔，地广人众，若宣传到位，让全民知道利害关系，自然会团结抗秦，如果此时楚国的国君有一定的号召力，善于宣传，及时调度民间力量，求贤募才，将楚国的六十万大军重新调整，合理部署，利用楚国本土的地理优势，诱敌深入，最后将其围困一一歼灭，秦国是很难攻入楚国腹地的。这是可以实现的，因为人人都懂利害，若秦军胜利，他们将失去自己的家园、妻儿。

其五，在关键时候，君臣都是膂力威武，脑力欠佳。楚国曾经是联合抗秦的盟主国，在生死关头却还硬撑着，不知道借助外援的力量一起对付秦国。秦楚之战足足三年，楚国是有时间来完成合纵抗秦的，而且此时各个国家都被秦国步步紧逼打得无还手之力，此时任何一个国家振臂一呼都会应者如云，何况是楚国这样的大国来号召，自是有能力和说服力的，秦国以一敌多，胜算自然会减少。可楚国什么都没做，而是闭门造车，单打独斗，最后力绝而亡。

自秦王政十七年开始吹响统一战争的号角以来，秦伐楚时已经是第七个年头了。在秦灭东方六国的战争中有一个万分奇怪的现象，那就是六国如同笼中木鸡，秦想打谁就打谁，想把谁提溜出来就把谁提溜出来，任意打骂、侮辱、消灭，其他国家居然能视而不见，如同刑徒般等待一一被选中，被蹂躏，被毁灭。秦伐楚时赵、燕、齐三国都还在，除了齐国还在温床里做梦外，赵国和燕国都在垂死挣扎。已经被灭的魏韩两国也有不少人在蠢蠢欲动想卷土重来。此时但凡有一个国家振臂一呼，就能将秦国“包饺子”了。

然而巧就巧在所有的国家和个人几乎一夜之间都吓破了胆子，全部失声了。秦国可不就是如同瓮中捉鳖，一抓一个准吗？如此下去，哪一个国家能不亡呢！

但是这里我还是得说说曾经有个性、不服诌的楚军。尽管楚国当时各方面的条件都有限，该做的事情都没做，但是楚国在邦国最为危险的时刻创造了战国最后的奇迹。

楚国在短时间内能组织起与秦同等的兵力六十万对抗秦军的六十万。而在此之前，楚国节节胜利，杀秦军至少在十万人，将秦兵追逐三天三夜不肯放弃。秦楚之战是战国时期规模最大的战役之一，也是统一战争中秦国伤亡最惨重的战役之一。

楚的灭亡只能算是天命，因为楚人努力过，直到最后残余部队各自为战也不曾放弃一线复国的希望，直到最后项羽灭了秦国此事才告一段落，可见楚人之坚韧。

云梦泽古战场

楚国还是被中原文明抛弃太久而形成根深蒂固的传统习惯没能改善，真正的智者是可以不战而屈人之兵的。楚国在最关键的时候，执政者没能做到有勇有谋，“不服诌（周）”成了过去的辉煌和给后人留下的口口相传的遗产。我见过耕读传家，见过礼教传家，见过忠孝传家，还没见过武力传家的。楚人不服诌的性格代代相传，一直在荆楚大地上延续。

但楚国每一个人都是铁骨铮铮的，“楚虽三户，亡秦必楚”这是楚人立下的誓言，也是楚人永远不服诌的写照。楚之先祖能率先修筑长城，能将历史上强大的吴国、越国、宋国收服归并，曾经不被周人和各国看好的子男爵位的小国家发展到让东方各国都为之畏惧，直到秦国拉响统一战争，最有可能和秦国一较高下并统一中国的就是楚国，这跟不服诌的性格还是有着密切的关系的。

为了和平而进行的战争

我们从春秋早期的地图可以看出来，楚国的北面有蔡国、陈国、郑国、鲁国、卫国、宋国、周国、秦国、晋国、齐国，再远有义渠、中山国、燕国、林胡等。而楚国的东侧有吴国、越国，西边有巴蜀。

楚灵王十一年（前530）时，楚军以攻伐徐国来恫吓吴国。楚灵王停留在乾溪等候结果。灵王跟大夫析父的一段话被记录了下来，可以看出楚国当时的处境和急于想得到认可的无奈。灵王说："齐、晋、鲁、卫，其封皆受宝器，我独不。今吾使使周求鼎以为分，其予我乎？"大夫析父回答说："其予君王哉！昔我先王熊绎辟在荆山，筚路蓝缕以处草莽，跋涉山林以事天子，唯是桃弧棘矢，以共御王事。齐，王舅也；晋及鲁、卫，王母弟也。楚是以无分而彼皆有。今周与四国服事君王，将唯命是从，岂其爱鼎？"从这一段君臣对话中可以看出，楚国的地位何其低下。《礼记·王制》曰："天子之制，地方千里。公侯皆方百里，伯七十里，子男五十里，凡四等，不能五十里，不达于天子，附于诸侯，曰附庸。"《周礼·典命》郑玄注曰："公之城，盖方九里，宫方九百步；侯伯之城，宫方五百步。"按这样的制度，楚之先祖熊绎封国时地方不过方圆五十里，都城也不过五里，宫城不超过五百步。而楚的先祖熊绎最初封国的时候是一穷二白，只有封地五十里，没有都城和宫城。在艰难的创业之初，熊绎身处偏僻的荆山，赶着柴车，衣衫褴褛，居住草地荒野，跋山涉水，穿过丛林来侍奉天子，仅有的桃木弓、荆刺箭都还要供奉给周天子供王室使用。就这样也没能得到地位的提高。齐君是周王的舅舅，晋君、鲁君、卫君都是周王的同胞弟弟，他们自然会得到周王室分赐的宝器，而楚国什么都不是，地位跟其他诸侯国没法比，自然得不到宝器。

所以说，楚国是被孤立的，谁都靠不上，只能靠自己发展壮大。

春秋到战国时期，楚国的地盘是最大的，从最初封国的五十里，到千乘之国，全是靠自己的智慧和勤劳打拼出来的。楚最早的实力比起这些国家都弱很多。而且周天子之所以给楚人的先祖封地，那也是送个顺水人情而已，荆楚蛮荒之地，无兵无将无房无车，而且是子男爵位。周人经常召开诸侯会议，楚人都不在被邀请的行列。楚之先祖不缺个性，铁骨铮铮，不予计较，自行发展，硬是将一个蛮荒之地发展成“极目楚天舒”的大国、强国。让原本地位低下，不被周天子和各诸侯国所待见的小国，发展到大国，这不得不说是楚人的厉害。

强敌几乎都在楚之北方，楚国要想关门发展经济，不提防北方强敌能行吗？以强欺弱自古有之，所以楚在北方的北大门修一大堵墙是一种必然，他可以不去侵犯任何一个国家，并不等于其他国家不来侵犯楚国。公元前656年齐桓公攻楚就能看出来，被人欺负没有理由，正如楚国强大了欺负周边国家一样。

楚国的敌人几乎都是来自北方，北方不只是有着能号令天下的周王朝，还有许多跟周王朝一样所谓正统的大国、强国，早期的楚国如同秦国一般，国小而弱，最主要的是没有同盟国。国力弱被人欺，国力强又遭妒忌。楚国修筑的第一个都城是在公元前 689 年楚文王即位初年，都城的城址在郢都，故址在今天的湖北江陵西北纪南城，距离楚长城所在地河南南阳约四百公里。郢都当时是楚国的中心，无论是楚国主动发动战争还是被动迎战，楚之北大门长城（方城）范围之内都是必经之地，也是兵家必争之地。如楚文王二年（前 688）楚国出兵伐申国，经邓国，俘虏蔡国国君，直到楚文王十二年（前 678）灭邓，这一系列的事件都是离不开长城的功劳。因为这些战争都在楚长城周围发生，楚长城是楚国的一把锁，钥匙由楚人自己掌握。长城有双重功效，进可主动出击，退可迅速防守，这也是楚国自楚文王以后迅速强大的原因之一。这引起了早在公元前 679 年就称霸一方的齐桓公的妒忌，又过了二十二年，出现了齐桓公伐楚事件，长城的秘密（长城最初应该是机密军事工程，若是公开大规模的工程，齐桓公以及他所带来的八国军队居然都没有人知道楚国有“楚方城以为城”）才正式浮出水面。

正因为有了长城，楚国成功挡住了齐桓公伐楚的脚步，长城也成了楚国巨大的一面盾牌。楚成王十八年（前 654）领兵伐许，许君袒露上身前来谢罪；二十二年（前 650）楚军伐黄国；二十六年（前 646）攻灭英国（英国是一个十分弱小的周氏分封的诸侯国，国君姓氏为偃姓。后成为楚的附庸国）；三十三年（前 639）赴宋，羞辱宋襄公。到楚庄王时期，更是主动出击，将周围的小国家几乎全部消灭，并到达洛邑，问鼎中原。在春秋很长一段时间里，楚国都以破竹之势横扫中原，少有失败，除非是各国联合抗楚，楚国退守回到长城以内，不动胫骨，很快又会卷土重来。这些应该都是长城的功劳。

古郢城北城墙遗址

历史上楚国和吴国、越国的战争不是很多，从有历史记载开始，楚国跟北方各国的战争从没停止过，因此我们也没少见到郢这个地名。战国晚期，秦国在灭楚战争中，郢是出现得最多的一个字眼。直到楚昭王十二年（前504）楚灭亡唐国，为了躲避吴国，将国都往北迁徙到鄀。据考证，古楚鄀都在今天河南南阳淅川县丹水附近。楚昭王之所以迁都鄀地，也是想依靠长城为屏障，休养生息，好卷土重来。事实证明他是正确的，他避过了吴国的锋芒，借秦国之兵攻打吴国，加之吴国国内动乱，所以迅速脱身，很快就灭了顿国、胡国等。楚惠王时期又灭蔡国、杞国，并将国土拓展到泗水之滨。到楚悼王二年（前400），韩、赵、魏三国军队联合伐楚，到乘丘（这时的乘丘不是后来鲁地的乘丘，而是今天河南的商丘）而回转。此次事件是否跟楚长城有关不得而知，但此时楚国的都城在鄀地，自是有长城作为防护，可守可攻，估计是三国联军还没做好伐楚的准备知难而退的原因吧！因为到楚悼王十一年（前 391），韩、赵、魏三国联军再次攻打楚国，楚国出长城，在魏国大梁、榆关迎战，最后失败。

楚肃王四年（前 377）蜀国军队前来伐楚，夺取楚国的兹方（今湖北省松滋市）。于是楚国在楚长城上设置扞关，《盐铁论·险固》载："楚自巫山起方城，属巫黔中郡，设捍关以拒秦。"现在许多古地名考古学者认为扞关和捍关是同一个关隘。

现在也有学者认为扞关和捍关不是一回事，而且有认为扞关有三处，也有说两处和一处的，但是无论是几处，这个扞关都跟巴蜀地区离得近，或者就在巴蜀境内，从这段历史记载可以知道，修到扞关的这段楚长城是在战国时期修筑，最先是为了防蜀国，后来主要用来抵御秦国。

自此以后，楚国日益强大，许多学者认为楚长城的修筑和使用到此为止。实则不然，尽管楚长城附近忽而成为楚国的地界，忽而成为秦国或者其他国家的疆域，但是最终还是由楚国控制和使用得多。这一点在战国时期多次的秦楚战争中能看得出来。楚顷襄王元年（前 298），秦人要挟楚怀王想获得楚国的土地，楚国却另立新君来对付秦国。秦昭王很生气，发兵从武关去攻打楚国。武关在今天的丹凤县东武关河的北岸，是秦楚两国的交界处。在楚顷襄王时期，汉中、巫郡、黔中郡、淮北都属于楚国疆域，此时楚国国都又回到了郢都，鄀（今淅川县）作为楚的陪都，楚国从淅川出兵，自是要依靠楚长城作屏障的。当然，此次战败，楚国丢掉十五座城邑，是为汉中之地，没有丢掉鄀，长城还在为楚国所用。因为秦昭襄王八年（前 299），秦国派将军芈戎攻打楚国，占领新市。齐国派章子，魏国派公孙喜，韩国派暴鸢一起攻打楚国的方城，俘获唐昧。证明楚国虽失败了，但方城没丢，还在为楚所用。

楚顷襄王十九年（前 280）秦军攻伐楚国，楚军战败，割让上庸、汉水以北之地给秦国，次年，白起又拔楚国的西陵（今湖北省宜昌境内），二十一年（前 278）白起攻下楚国的郢都，烧毁楚国先王陵墓。楚顷襄王向东撤退到陈城。二十二年（前 277）白起攻下楚国的巫郡，黔中郡。以上这些战争都是在楚长城周围展开的。此时长城是一把双刃剑，楚国强大，唯楚所用；楚国弱小，被秦攻破，唯秦所用。战国时期楚长城不断向东西扩展，西部防巴蜀和秦，中部防韩、赵、魏、齐等国，东部主要防齐国和魏国。此时长城应该向东延伸过。楚顷襄王十八年（前 281），楚顷襄王听说国内有一个人善于用轻弓细缴涉猎大雁的，就召见了他。他建议楚顷襄王到东海去射猎大鸟，环绕山河加筑长城作为城防，那样就可以在长城以东收复泰山以北了。尽管这段话有着激怒楚顷襄王之意，但是从这段话里，我们应该知道楚在东部是有长城的，如果加筑，也许可以到达东海之滨。当然，楚顷襄王没有向东加筑长城，但是楚长城东部到底在哪里还是一个代考的问题。

楚顷襄王时期虽说国力已经很弱，经历楚怀王被秦所骗，困死秦地以后，楚顷襄王多次向秦军发起战争，想替父报仇，结果连连败北，最后不得不向东撤退。但此时，楚国还是拥有五千里国土，百万雄兵。楚国之所以能向北拓展成为万乘之国，这些都离不开楚长城的功劳。

楚长城直到最后，楚国灭亡之前还在发挥着强有力的作用。《史记·秦始皇本纪》记载，始皇二十一年（前 226）新郑反叛，楚国在秦国为相的公子昌平君被迁徙到郢陈，当时是冬天，还下着大雪，雪有二尺五寸深。此时昌平君是秦始皇的股肱之臣，因为此时新郑的反叛跟昌平君没关系，而是韩国的旧部发生的叛乱，秦国让昌平君去平叛才将他迁徙到郢地。

这次叛乱史书上的记载很含糊，但是最后肯定是平了叛乱，至于是不是昌平君平的叛乱不敢妄评，我想是昌平君的可能性最大。因为新郑叛乱在前，昌平君迁徙到郢陈在后，尽管此时李信正在雄心勃勃地伐楚，也取得了一些胜利，而秦王不想分散李信、王贲、蒙武的精力，而让昌平君去平叛完全有可能。因为不见秦国再派谁去平叛，加上昌平君归楚反秦是在始皇二十二年（前 225）的事情。所以这次平定新郑叛乱最有可能的人就是昌平君。昌平君眼看秦军攻破楚都，最后反叛秦国，护卫楚国，死在秦楚战争时的秦军刀下。昌平君以及项燕战死时的这场战役也是在楚长城周围发生的。

尽管史书没有记载昌平君是什么时候死的，怎么死的，但是大致的时间还是能推算得出来的。湖北云梦睡虎地秦墓出土的两封家书中给我们提供了详尽的信息。

因为这两封家书是当时参加淮阳战争的两名秦国普通士兵给家里写的信，这两人一个叫“黑夫”，一个叫“惊”，是亲兄弟，他们的信不是同时写的，却是写给同一个人的。这个收信人叫“中”，是这两位士兵的亲哥哥。

黑夫的信，写于秦王政二十四年（前 223）二月，黑夫在信中写道：“黑夫等直佐淮阳，攻反城久。”这句话是说，黑夫等人在淮阳作战，进攻“反城”（即郢陈）已经很久了。淮阳，就是郢陈，而王翦是秦王政二十三年（前

224）带兵伐楚，而新郑反叛是在秦王政二十一年（前 226）的事情，此时离李信兵败已经有两年多了。这时候这兄弟俩跟随的应该是王翦的部队，而这一年是王翦刚刚复出不久。黑夫所属的秦军，正在围攻郢陈，直到黑夫寄信的时候，也就是秦王政二十四年（前 223）二月，还没有攻破。

但是惊的信里却说自己已经“居反城”中，证明郢陈不久后被秦军攻克。因为惊的信大概写于当年三四月间，而此时荆将项燕早都被王翦、蒙武杀了，项燕应该是死在这场战役早期。昌平君也应该是这一年死的。

项燕早死，最后带着楚军跟王翦、蒙武抗衡的只能是昌平君，郢陈被攻克，昌平君绝不会苟且偷生自己跑了。前面推测他就死在这一年，所以说他应该是死在这场战争之中。时间就是始皇二十四年（前 223）三月左右，所以不存在楚王负刍被俘后项燕再立昌平君为楚王一说，因为他俩都死在楚王负刍之前。

在这里我有必要非常详细地解释一下当时郢陈（今河南省周口市淮阳区）这个地区的历史情况。

郢陈，曾经是楚国的首都，是秦攻楚的必经之地，李信攻楚首先从这里入手，王翦攻楚时也是从这里着手。秦军在郢陈的失败象征着秦军向楚进发的第一步迈不开，后面的路就无法进行。

后来郢陈被秦军攻陷后，此地一直是各国贵族反秦的集聚地。不仅楚国旧民反叛不断，各国的反秦之士也纷纷汇聚到这里。比如韩国的贵族张良，他在韩国灭亡后，曾经来这里频繁活动，为反秦做铺垫。

再后来反秦称王的游侠张耳和他的朋友陈余，也是在魏国灭亡后，逃到这里潜藏，并蠢蠢欲动。

胡亥时期，陈胜、吴广起义以后，他们所建立的张楚政权的首都就建在这里。“张楚政权”《史记》注：“欲张大楚国，故称张楚也。”证明此处是楚地的核心地段，是非常重要的战略要地。

战国末年，韩王安到最后也是被秦王嬴政迁徙到此处，死在郢陈。正因为韩王安被迁徙到郢陈，韩国贵族旧部跟随而来，才发生了反秦事件。后来楚国昌平君也在这里反秦了，才使得秦国李信的部队兵败而去。所以说郢陈地区自古就是楚国民众反秦的根据地，根深蒂固，而且首尾一贯。

楚郢城遗址

郢陈能作为楚国的政治中心，那是交通相当便利，物产相当富饶的地方。不管是韩王安被迁徙到这里还是昌平君来到这里，都不是对他们的排挤，或者流放，只是换了一个地方而已。

秦王政十六年（前231），韩王安献出南阳（今河南境内太行山南、黄河以北地区），同年九月，秦王任命韩国降将内史腾为南阳守。

秦王政十七年（前230），秦国派内史腾率师十万南下渡过黄河攻韩，一路势如破竹，几无抵抗，俘虏韩王安。

而对于被俘的韩王安，秦军没有诛杀，也没有让其流放，而是让他继续留在韩国的首都新郑（今河南省郑州境内），给予宽厚的待遇。后来之所以要将韩王安迁移到郢陈，主要原因是燕太子丹派荆轲刺杀秦王失败以后，秦王嬴政对各国还在蠢蠢欲动的贵族有了防备，才将韩王安向南稍做迁移，却没有流放的意思。即使流放也不可能把他流放到富饶的楚国国都去。

而让韩王安迁徙到郢陈也是韩国投降三年以后的事情，也就是说韩王安被俘后依旧住在韩国都城，三年后，即始皇二十年（前 227）才迁徙他地。而韩王安是到郢陈居住了一年，即始皇二十一年（前 226）以后才死在郢陈，至于是病死还是老死，或者是战死就不得而知。也就是在这一年昌平君来到郢陈，很有可能是秦王派他来镇守郢陈，并监视韩王安的行动的。

这一年，新郑韩国贵族势力反叛秦军，韩王安也死在了这期间。韩王安的死跟昌平君平叛可能有着直接的关系。前面说了，新郑是韩国的都城，韩王安一离开韩国都城，韩国的旧部就反叛了。这个事情发生得有些蹊跷，有可能跟韩王安有关系，也有可能没有关系。有关系的原因在于，此事有可能是韩王安一手策划的，甚至就是韩王安直接参与了这场反秦战争。有可能没关系，只是韩国旧部看到秦国将他们的王迁离了国都，他们有了不祥的预感，以为秦国要对他们痛下杀手，或者对他们的王痛下杀手，于是背水一战，不至于坐以待毙。

这些都只能是假设。

昌平君应该就是在这之后反叛的，新郑的平叛应该跟昌平君有着直接的关系。他在再次得到秦王的信任后，驻守郢陈，才给了他成功反叛的机会。

李信的兵败应该也跟昌平君有着直接的关系。这一年是秦王政二十一年（前 226）。有专家学者分析说此时昌平君已经被秦王排挤到韩王所在地，所以昌平君“有死士属”。实则不然，此时的昌平君应该还是秦国的栋梁，深得秦王的信任，秦王嬴政是派昌平君赴郢陈稳定局势，因为他有着楚国公子的特殊身份。

昌平君之所以后来反秦，主要原因也是因为他有着楚国公子的身份，却被嬴政安排着跟随李信去攻打自己的国家，杀自己的亲人，这是一件无比残忍的事情。放在任何时候，任何一个有血性的男儿都不可能帮外人打自己的亲人。所以昌平君反秦是一种必然。只能说秦始皇当时用人不当，考虑问题不周全，只想到自己要统一全国，却没考虑到他人的感受。

李信兵败也是一种必然。伐楚之前秦王问王翦，攻打楚国需要多少人，王翦说，需要六十万人，而李信说只需要二十万人。始皇帝自然不愿意伤亡过多，认为王翦年纪大了，考虑问题过于烦琐复杂，李信年轻有为，敢想敢做，正合始皇心意，肯定启用李信。

于是，李信统领二十万秦军伐楚。他行动的第一步就是以郢陈为前进的第一根据地。李信军进攻楚国，兵分两路出动。李信攻打的是郢陈南部的平舆县（今河南省驻马店平舆县），副将蒙毅（此处《史记》有笔误，应该参加这场战争的是蒙武，而不是蒙武的小儿子蒙毅）进攻郢陈东南部的寝城（今湖北省孝感市境内）。两支秦军最初如他们所料，节节胜利。然而，李信却突然兵回路转，急急忙忙从前线退军，掉过头来去攻击秦军的后方基地郢陈。

请注意，郢陈早就在秦国的控制范围之内，已经属于秦国的土地，为什么李信又会掉过头来攻打郢陈呢？只能说明郢陈地区发生了意外的事情，迫使李信不得不回师反击。

李信伐楚，从秦国出发，直接朝东南方向深入楚国腹地，攻击平舆和寝城。李信太自信，没有绕路的迹象，而是直冲目的地。

果然如他所愿，很快大胜楚军。于是又兵锋指向楚国当时的国都寿春（今安徽省寿县）。然而此时李信却没想到有人会釜底抽薪，使其后方着火。这些都在他的预料之外，顿时李信乱了方寸，不能前行。而此时，楚军却紧随秦军西进，中途突袭秦军，大破李信军，秦军只得暂时败走。

楚军能如此顺利地打败秦军，这个功劳应该算在昌平君身上。因为此时昌平君在郢陈镇守，他不可能眼睁睁看着楚国灭亡。作为楚国的子民，昌平君部队能不采取行动？他对秦的用军是了如指掌的，对李信用兵也应该是了解一些的。所以在秦军后方反秦，打了秦军一个措手不及，使郢陈附近原楚地的人民和原韩国的人民积极响应。

虽然在李信回军后，郢陈一度被秦军夺回，但最终楚军还是击败了秦军。不仅收复了以楚国故都郢陈为中心的失地，更趁势西进深入至原韩国境内继续与秦军作战，两军进入了焦灼状态。

总体上来说，此时的秦军应该比较被动，处在节节败退的情况之下。

一年多以后，楚军被秦军击败，项燕被杀，昌平君战死，曾经辉煌的楚国从此藏匿于史书，秦楚最后的战争也成了人们茶余饭后永远也议论不完的故事。而这其中最真实的历史只有楚长城知晓，两千多年以来，它静悄悄且忠实地守候着楚国的国土，等待着知音前来一叙衷肠。

任何人都可以欺负、欺骗、背叛楚国，唯楚长城不会；任何人都可以侮辱、打击楚国，唯楚长城不会，它像楚国的老祖宗火神祝融一样，永远会保护、保佑楚国的子民平安吉祥。

我们试想一下，如果没有楚公子昌平君反叛，秦楚最后的战争绝对不会僵持这么久，老将王翦也有可能不会再有机会参与统一战争，李信有可能就是秦朝历史上的又一个白起。

当然，如果楚王善于用人，也善于用兵，早些筹谋，在李信伐楚的时候用多秦三倍的军力（最后王翦伐楚楚也是用六十万人抵抗）跟李信作战，利用楚长城U形优势，将李信的军队围困在长城以内，结局就会完全不同，楚国的故事可能会更精彩一些。

历史没有如果，战国晚期秦楚战争很是激烈，尽管最后楚军还是失败了，但是在秦伐楚的三年战争中，战争始终是在楚长城周围展开，楚军也有过多次胜利，使得秦军伤亡惨重，李信被楚军追着打，王翦带秦国举国之兵在郢城周围三进三出，战争打得好苦。所以说，楚长城如同楚国，它尽它最大的可能发挥了它护楚的作用，最后楚之灭亡，实在是天命不可违。

QI

之二

探秘齐长城

无论齐长城是不是世界上最早的长城，齐国的确修筑有长城，并且是春秋战国长城中保存得最好的一处。齐长城在后世依然像一面钢铁盾牌，阻挡了敌人前进的步伐，维护了一方安宁。

齐国简史

自公元前770年周平王东迁洛阳，中国历史逐渐进入群雄争霸的时代。为争霸一方，各诸侯国采取筑城护国，对外兼并的政策，以扩大国土，增强国力，从而达到“挟天子以令诸侯”的霸主地位，并拉开了新一轮风起云涌的战争大幕，英雄迭出，才子云起，家国情殇、爱恨情仇、酸甜苦辣一应俱全。

齐国发迹于足智多谋的姜太公，称霸于命运多传奇的齐桓公。早在春秋时期齐国就是东方之大国，又是春秋五霸之首。齐国在春秋之初就立志争霸，经历了南征北战，经历了励精图治，经历了兼并和侵略，经历了改革和图强，经历漫长的积累和筹谋，最终齐国在艰难中强大了起来。

战争的胜败因素很多，不是国家强大，兵士很多，战争就必胜，所以胜利者就会总结经验，以此成书，让后人模仿、学习。尽管没有绝对相同的两次战争，但战略和用兵之道大同小异，万变不离其宗，如齐人的先祖姜

咸阳原上齐太公墓

太公的《姜太公兵法》和后来的《吴起兵法》《孙子兵法》，有许多相似之处。这些兵法多次被运用在实践中，证明前人好的经验放在任何时候都是有用的。比如大家都很熟悉的“三十六计”，至今还被应用。长城也是如此，楚国筑有长城，其他国家纷纷效仿，楚长城为楚国建功立业，齐长城照样护佑齐国子民几百年，荫庇齐国子孙两千多年。不战而屈人之兵是智者的战争，但这是要有资本的，要么有智慧，要么有实力。不知道防守固本，那是愚者的战争，国家再弱，君王再蠢，做好防护是人之本性，更是国之根本。

做好后方防护，防御外敌入侵，巩固后方，是存国的基础。为了增强国防能力，齐人经过合理谋划和勘探，将境内军事要冲地带的障水堤堰设施加固连接，以用于御敌，即开始修筑长城钜防。这可能就是最早的长城和长城的用途吧!

西北大学文化遗产学院教授徐卫民先生认为：“中国长城起源于春秋战国时期。战国以来，由于战争性质、目的发生了很大的变化。由争夺财富控制他国，逐渐转变为兼并土地以至统一中原，这就直接决定了战争的频繁性和规模的扩大性。随着兵力的增加、兵种的改革、战略战术的变化，原来以城池为主要防御手段远远不能满足军事上的需要，分散的城池只能控制有限的地面空间，要想保卫广大的疆土，只靠这些城池是困难的。于是，人们在筑城的基础上，想出了新的办法，就是把封闭性的城墙打开，改做连续、单项的城墙，把城堡、据塞、烽火台等人工设施，以及河险、山险等自然险要连接起来，形成一条大规模的防御体系。由于其长达数百里甚至数千里，人们便称之为‘长城’，长城体现的是以城堡为主的点状防御向以蜿蜒数百里甚至数千里的城墙为主的线状防御体系的重大转变。这种防御设施，相对于单个城堡来说，更能够保卫广阔的疆域。所以战国时期，中国掀起了一股兴建长城的高潮。”

中国长城的修建历史已有数千年，史学界和长城研究者对于长城的存在和功效都一致认同，但在什么时代哪个诸侯国最早修建长城这个问题上仍存在一些争议，主要是楚、齐两国之争。王子今、徐卫民等学者一致认为，我国历史上出现最早的长城是楚国的方城，约建于公元前 7 世纪。

齐长城遗址

到战国初期和中期，随着兼并战争加剧，黄河中下游地区和北方边境地区的各主要诸侯国纷纷筑起互防的长城。今山东境内，有齐国修筑的西起平阴（今山东省平阴东北），东连琅琊（今山东省胶南）海滨的长城。今陕西东部，有秦国沿洛水西岸修筑的“堑洛”长城，有魏国沿洛水东岸修筑的河西长城。今河南中部，有魏国修筑的河外长城，有郑、韩两国相继修筑的郑韩长城。今河北境内，有易水北岸修筑的易水长城，有赵国在今临漳、磁县一带修筑的漳滏长城，还有中山国在今河北、山西交界一带修筑的中山长城。除这些内地诸侯互防长城以外，在战国中后期，北方地区由于匈奴、东胡、林胡、楼烦等游牧民族日益强大，秦、赵、燕三国都修筑了规模颇为巨大的边地长城。

徐卫民先生将长城的起源和长城的形态以及功能都说得很清楚，各诸侯国修筑长城，主要是用于彼此之间的战争，齐国也不例外，只有秦、赵、燕三国修筑了规模颇为巨大的边地长城是为防御其他民族的侵扰。齐国的长城不在防御外患的范围之内，齐修长城是为诸侯国之间的战争而修。

姜小白很霸道

是楚国还是齐国最先修筑长城是一个很有趣的话题，这两种声音至今还在争论不休，两派都拿出了很多证据和依据：一种观点认为，春秋时期楚国长城修筑最早，这是毋庸置疑的；另一种观点认为，春秋时期齐国长城修筑最早，因为“长城”两个字见于史册时是写齐长城。有人认为楚长城根本就不存在，最早记载的楚长城是庸国的方城，不是楚长城，庸国被灭了以后，此城再无使用记载，不知何故，居然被后来人说成是楚长城。现在所能见到的楚长城遗址是庸国的方城。

关于齐长城的考古是有一定的难度的，为此近百年来，有无数专家、学者都投入到探寻齐长城奥秘的队伍里，都希望从这段充满传奇的长城里找到大家期盼已久的信息。

认为齐长城是中国大地上最早的长城，主要来源于《管子·轻重篇》的记载，曰：“长城之阳鲁也，长城之阴齐也。”这是最早关于齐地长城的记载。同样，这一段也没有说这就是齐长城，长城之阳是鲁国，长城之阴是齐地，那这一段长城可能是鲁国修筑的也未可知。

司马迁《史记》记载齐国最后一次修筑长城是齐宣王时期：“齐宣王乘山岭之上，筑长城，东至海，西至齐州，千里余。”后人对《史记》

的记载较为信服，而《管子》一书的记载值得商榷，有学者认为此书不一定是管仲所著，乃后人托名于他的著作，所以不足以证明管仲时期（？—前645）齐国已修筑长城。如果《管子》确是春秋时期管仲所著，他应该会详细记述齐国修筑长城的过程。他亲眼见证了楚国的长城（方城）的功效，而且管仲生活的那个时代是齐国最强盛的时期，在管仲辅佐齐桓公的第七年（前679），齐国正式称霸，桓公在鄄地会见诸侯，诸侯没有不服从和不尊敬的。齐国称霸，齐桓公和管仲都被永载史册，桓公乃一代霸王，管仲乃一代名相。即使《管子》中关于长城的记述无误，管仲书里说的就是齐长城，那也是楚长城在前，齐长城在后。因为管仲在位的这个时期，楚国已经有了长城。至于楚国的方城是不是长城，另一部跟《史记》同一时期的书写得很清楚，我认为这个问题应该得到了很好的解释。西汉时桓宽《盐铁论·险固》载："楚自巫山起方城，属巫、黔中，设扞关以拒秦。"《盐铁论》这里记载的是楚肃王四年（前377）蜀国军队前来伐楚，夺取楚国的兹方（今湖北省松滋市），于是楚国将长城修到了巫山黔中郡，而后在黔中郡设置扞关。值得注意的是《盐铁论·险固》说的是"楚自巫山起方城"，而不是长城。关于这个"方城"不能否认它不是楚长城，而这个方城不是指的河南方城县的方城，是楚国从楚地修到了今天重庆巫山奉节一带的方城，这也是长城研究学者认为楚长城向西修到了重庆巫山的证据。所以我认为，公元前656年，齐桓公看到的楚国方城就是长城，只是楚国从始至终不将长城叫长城，而是叫方城。这也能证明楚国是最早修筑长城的国家，楚国将长城当城墙一样修筑，不是一堵墙，而是有厚度和其他功能的城墙。

临淄齐国故城城垣遗址

至于齐国修筑长城的时间，根据《管子·轻重篇》相关记载推测，应该是在管仲任相期间开始的，因此齐国是春秋战国第二个开始修筑长城的国家，齐长城也是世界上最早的长城之一。

《史记·齐太公世家》记载，在齐桓公二十八年（前658）时，“卫文公有狄乱，告急于齐。齐率诸侯城楚丘而立卫君”。是说当时北方狄人侵犯卫国，卫文公向齐国求援，齐桓公率领诸侯在楚丘修筑城防，协助卫军抗击北狄。

我们先来从地理位置上分析一下这件事情，卫国在鲁国的西边，晋国的东南面，宋国的北面，位于今天河南鹤壁、新乡一带。说也巧了，当时北方的狄人是如何穿过燕国、中山国、晋国千里迢迢来到中原地区攻打卫国的？卫国和北狄之间到底有什么不解之仇？这是一个很奇怪的事情，因为卫国周围全是大国，其中齐国、晋国、宋国都是春秋五霸之一，居然能让狄人直指卫国？当然，这个问题我们暂时不去追问。单就说这次事件的结果是，卫国弱小，自是抵不过狄人，于是向齐桓公求救。齐桓公自认为承袭着周成王曾经给姜太公的“东至海，西至河，南至穆陵，北到无棣，五侯九伯实得征之”的授命，因此经常路见不平拔刀相助，承担起保护各诸侯国的使命，成为维护中原和平的使者。号称率领的是正义之师的齐桓公自然不会坐视不管。于是，齐国号令诸侯，不是先抗击狄人，而是在卫国的边界筑城来防御北方狄人。

这应该是目前见到最早的有准确时间与地点的关于筑城御敌的记载了。《吕氏春秋·下贤》记载：“文侯可谓好礼士矣。好礼士，故南胜荆于连堤……”专家认为，春秋战国时各国都利用山水险要之处建立关隘，利用有利地形修筑长城，称之为“连堤”。齐国帮助卫国修筑的就是连堤，早期的长城。在此之前至少楚国的方城已经存在，至于其他国家有没有修筑过类似的城墙就不好说了。这个城墙的功劳要归到齐国的，也应该算是齐国早期的长城吧！

山东大学历史系教授张维华先生在查检文献后指出，齐长城的建筑年代说有四种：齐长城已存在于齐桓公时代；从姓氏编钟铭文推测有战国初年和春秋中叶之说；齐长城建于齐威王初年；齐长城建于齐宣王之时。张维华还提出：“齐长城西南之一段始因于防，其后因军事上之重要，故首先筑为长城。其南界之长城当建筑于齐威王之时。”

考古学家王献唐指出：“齐长城从春秋时期开始修筑西段，在鲁襄公十八年早已完成；战国时又向东展修一段，齐宣王时复向东修至海滨，全部完工，使一千多里的长城，衔接起来，作为齐国南境国防线。”

而长江大学罗勋章先生在分析齐长城的产生起因和“防”与“长城”的区别后指出：“西道防或钜防一段长城修筑时间下限不过公元前 555 年，其上限当在齐桓公去世后，即公元前 642 年……齐长城大规模续修的时间，其上限当断为楚灭莒的公元前 431 年。”

以上这些分析都是很严谨的。由于长城不像古墓，能从墓志铭和文物上找到准确的信息，要得出精准的判断是相当困难的，所以能有这些信息和数据已经相当不错了，至少在浩繁的历史大海里为我们圈定了一定的研究方向，给我们提供了一个可参考的范围。

《管子》一书中有这样一段文字是介绍齐长城的：“方五百里，……阴雍长城之地，其于齐国三分之一，非谷之所生也。”这段文字记载确认齐长城的始建年代当在春秋时期，但得不出准确时间。洛阳城东约三十五里的太仓古墓曾出土一套羌编钟，此编钟共十三个，其中五个铸有铭文“征齐，入长城，先会于平阴”。铭文所记是指鲁襄公十八年，即周灵王十七年（前 555），齐晋之战的事，此编钟所指长城根据平阴古城来推断，就是齐长城。如果公元前 555 年征齐、入长城，说明此时齐国早已修筑有长城，那说明齐长城在春秋时期就有了。

管仲是春秋时期法家的先驱，是中国古代著名的经济学家、哲学家、政治家、军事家，被誉为“圣人之师”“华夏文明的保护者”“华夏第一相”。历史对这个人物的记载还是很明晰的，如果《管子》是管仲所著，他应该很详细地记载齐国修筑长城的状况的。但《管子》一书是齐相管仲所著吗？如果是管仲所著，那齐长城的诞生应该和楚长城相差无几，应该是在齐桓公执政、管仲任相期间修筑，否则管仲就无法得到齐长城的信息。但是管仲生活在约公元前 723 年至公元前 645 年，《管子》一书许多事件年代是对不上的，这也是许多专家、学者认为这部书是有人借管仲之名而著的原因。

无论齐长城是不是世界上最早的长城，齐国的确修筑有长城，并且是春秋战国长城里保存得最好的一处。齐长城建筑在连绵起伏的泰沂山脉的山岭、平谷之中，许多地段都开发成旅游景点。齐长城开发成旅游景区跟其他长城开发成旅游景区还不尽相同，因为它是几乎没经过改动和重修的长城原址，城是春秋战国的城，墙是春秋战国的墙，石头是春秋战国的石头，就连攀长城的路都是原路修整而成。我去过其他春秋战国长城遗址，可以负责任地说齐长城是最值得缅古访幽的古迹之一，是我们先民勤劳、勇敢、智慧的最直接体现，历朝历代后来所修筑的长城上最精细的功能，最完美的设施，齐长城上都有。说齐长城是长城之父不为过，因为楚长城被毁坏得厉害，后来人修筑长城借鉴齐长城的技术和功能比较多，如齐长城上的城垛、烽火台、城楼、女儿墙、敌楼、碉楼、马面等等，这些在齐长城上至今清晰如初。如若我们还能沿着长城的足迹而生活，齐长城大部分遗址还可以立即投入使用，它依然是一面钢铁盾牌，阻挡着敌人前进的步伐，能很好地维护一方安宁。

由此可以知道，齐长城是中国现存有准确遗迹可考、保存状况较好、年代很早的古代长城之一，被列入《世界遗产名录》。

历史有多长，人类的智慧就有多深广。早在二千五百年前，先民就用事实和实物为后人上了生动的一课，长城的构造和复杂性不亚于今天的高科技和互联网的。古人因地制宜地修筑长城，在山势平缓处挖掘壕堑，在山险之处垒砌城墙，古人的智慧在军事工程上得到完美的体现，齐长城展现了春秋首霸和战国七雄的强盛雄风，也是中国最古老长城以及战争史的一个浓缩。

齐长城的地形地貌不像楚长城那么复杂，它几乎是一目了然的，其中六百多公里的齐长城你都能准确地找到坐标，无须专家和向导引路，长城就是向导。因此齐地的专家对他们祖先留下来的这一瑰宝珍爱有嘉，虽说齐长城修筑时间不详，但相对其他地方来说，齐长城的路线是最清晰，实物资料也是最丰富的，它的雄伟壮阔可与八达岭长城比肩。今天我们能看到齐长城西起黄河，东至黄海，苍苍莽莽，盘桓于群山之巅，东西蜿蜒千余里，几乎把整个山分为两半，这使我对当年的齐国地理版图有了许多恍惚，齐国当年到底有多大？齐国的实力到底有多强？多么富有的国家才能如此大手笔地建造出这般军事工程啊？

齐长城从西向东分别跨越平阴县、长清区、肥城、济南市、泰安市、莱芜市、鲁山县、沂源县、潍坊市、诸城市、胶州市、青岛市而后到胶州湾入海口，跨度大，弯度小，虽在崇山峻岭之巅，但这里山势温柔，林木稀疏，又多以石垒城为主。齐地干旱少雨，齐长城被风雨侵蚀的伤害大大减少，这也是齐长城能完美地保存下来的主要原因吧！

当然，这样浩瀚壮阔的长城，放在当年，应该是最伟大的工程吧！它比八达岭明长城更多了一些沧桑和厚重，也多了一些眷念和思考。这个老祖宗级别的长城就是先驱者，就是老师，后来历代长城都是参照春秋战国

齐长城遗址

长城而修。所以说，长城的功劳和雄伟是我们根本无法用苍白的文字和个人的感受抒写的。

齐长城始建于春秋时期，完成于战国时期，历时 170 多年筑成，迄今已有 2600 多年的历史。得出这样的结论是根据各类史书上的蛛丝马迹加以推断的，如《水经·汶水注》引《竹书纪年》记载：晋烈公十二年（前 404）“王命韩景子、赵烈子、翟员伐齐，入长城”，这证明在公元前 404 年之前齐国已经有了长城。《史记·楚世家》引《齐书》曰：“齐宣王乘山岭之上筑长城，东至海，西至济州千余里，以备楚。”齐国修筑长城和利用长城史书上记载得比较多，但没有找到关于齐修筑长城的准确时间的记载，通过以上这些资料可以肯定，战国早期之前，齐国就有长城的存在。有专家认为齐长城西部应该是春秋末年到战国早起修筑，齐长城东部则可能是于战国中期齐威王、宣王时陆续扩建完成的。

关于齐长城的修筑时间，历来说法不一。一说其西部一段长城是为了防鲁国而修，应该是修于鲁国最强盛时期，大约在春秋末期之前。东部长城是为了防楚国而修，大约在战国中期。二说是齐修长城是为了防燕国和北狄，从齐长城的走向来看，防御北狄的可能性应该不是很大。燕国虽然弱小，却也跟齐国发生过灭国大战，防御燕国的可能性比较大。

关于修筑齐长城的因由，著名历史学家张维华先生指出：“春秋间，列国诸侯，竞相争伐，或因河为堤防，或沿山置障守，其所谋以自立之求，愈之且密。至于战国，车战之制渐息，徒骑之用渐广，战争范围，益为扩大，于是有长城之兴筑矣；齐国因设齐长城，当与此相关。”

徐卫民的观点和张维华先生的观点一样，齐长城是为与其他诸侯国的战争而修，非抗击外族，是一种想称王称霸的野心长城。尽管这类长城各国都有修建，但他们和齐国还不一样，因为齐国确实无比强大过，曾经和秦国比肩。秦国在春秋时期没修筑长城，到战国中晚期秦昭襄王时期修筑长城还是为了防外患，直到秦始皇修筑长城都是为了防御周边其他民族。秦国在秦昭襄王时期和赵国发生长平之战时在长平的大粮山附近修筑过很短的一段长城，是为了当时战争的需要，临时修建的军事工程，这个不能算是大规模工程，只能算是一堵比较长的城墙而已，据资料记载，大约有两公里，这可能是世界上最不像长城的长城吧！因为它实在太短了（有说是赵军修筑，被秦军抢占后利用的，此地又叫百里石长城），秦军修筑的是很少的一段。

尽管楚、魏、韩也修筑有边界长城，但他们是弱者的长城，为了防患比他们更强大的国家侵略而修筑的长城。齐长城是强者的长城，是王者的长城。所以这个长城的价值和意义与其他长城还是有着很大区别的。如果这个长城是在齐桓公姜小白和管仲时期开始修筑，那对当时的齐国来说更是如虎添翼。有学者执意认为楚长城不存在。认为楚国在楚成王时期已经很强大了，无须修筑长城，这个理由很牵强，从春秋到战国时期，凡是修筑长城的国家都是在最强大、最强盛的时候进行这项工程的，齐国修筑长城就很能说明这个问题。

关于齐长城建置的缘起，长江大学教授罗勋章指出："在长期频繁的战争实践中，齐人或从防到御敌功能得到启示，萌发了建筑不是周圈封闭式的城墙联想，在平地筑起与障水毫不相干的高大夯筑土墙。其动机已不是为了障水，而是为了御敌。长城于是产生。"

齐长城遗址

南北学者对长城的雏形到形成以及用途的分析大同小异，只是罗勋章力挺了齐长城是自主研发的产物。我认为这个观点有待商榷。长城，包括楚国修筑的方城，不同于一般的院墙或者城防，它应该有着一定的厚度和各类应有的防御建筑，而不是像防护墙或防风墙那样。宫墙，院墙，包括盖房子，都无须那么宽的墙，长城作为防御的大型军事工程，怎么突发奇想修筑得如此之宽呢？齐长城的宽度一般都在 1.8~2.5 米之间，走汽车也不为过。当时长城上是不会有马战和车战的，即使为了走人，也无须修筑那么宽。修筑得越复杂，宽度越大，耗费的人力财力越大。如此修筑长城肯定不是齐国的突发奇想，而是结合很早以前人类所修筑的各类城防工程的利弊以及当时的所需而产生的。包括楚国的方城也不例外。这么说来，也许长城还有它的“祖宗”，它的“祖宗”诞生在什么时期，经过了哪些沿革和更新才有了后来的楚长城、齐长城我们就不得而知，这也是一个非常有趣的话题。

对齐长城的综合考察研究，是一项非常有意义的事情，也是齐文化研究的重要课题之一。通过对齐长城的全面考察研究，可窥春秋战国时期齐国的政治、民风、军事、环境和齐国强大的成因。春秋战国，中国进入了一个大变革、大动荡、大发展的历史时期，奴隶制逐渐衰亡，封建制兴起，各国依据其国情先后进行了不同程度的变革，使得政治稳定、经济繁荣，文化日新月异，军事力量的强大，让政治家的野心也随之膨胀。人类历史从来都是一脉相承，无非是“分久必合，合久必分”，战国这些强悍的诸侯国都是通过漫长的兼并、掠夺而强大的，战国吞并大战就是有统一天下的野心。在长达几百年的大规模兼并战争中，齐国既是受益者，也是受害者。战争没有绝对的胜利者。

据史载，在春秋到战国之间不到三百年的时间内，就发生过规模不同的战争四百八十余次。战争的目的是为了保存自己，消灭敌人，扩大国土，增强势力，称霸一方。故而出现了春秋五霸和战国七雄的称霸争雄局面。而各国间的不断战争，又迫切要求加强防御工事，当时修筑长城是各国通用的方法。长城就是一个国家的实力的象征。

齐长城造就的那些齐风

齐国自周初封国，经西周时期的着力经营，至春秋时期社会经济有了较大发展，从最初五百里的诸侯小国，到东邻黄海，北靠渤海的泱泱大国，这是从姜子牙开始，齐国数代人努力的成果。靠山吃山，靠水吃水，齐国有山有水，山是齐国的靠山，水是齐国的生命之水。齐国人利用山的起伏修筑长城，保家卫国；利用水的资源，发展鱼盐贸易，让山之腾跃，水之沸腾。齐国自建国之始就采取了“因其俗，简其礼”的国策，依据齐地的自然地理条件，优先发展了工商业、鱼盐业和文化娱乐业，因此齐国的商业经济得到了较快发展，为齐国的强盛奠定了物质基础。齐国的第二大经济主体是铁器。春秋时期齐国铁制工具的出现，大大地提高了生产力，铁兵器也为齐国的军事提供了强有力的保障。第三大经济主体是农业，齐国沃野两千里，地势平缓，是齐国取之不尽的粮仓，为经济和军事以及民生奠定了基础。

齐国虽说内斗和乱政频频发生，但不乏有作为的君主。因为有着姜尚（姜子牙）的英名庇佑，齐国当政者始终在各诸侯国中有着很重要的地位，再加上周成王曾经给过姜尚特权，以及地理优势，齐国应该比其他国家发展得更容易一些。齐桓公历经坎坷登上王位，这样的国君往往是很有作为的。他原谅了曾经要置他于死地的管仲，并放手让管仲改革。管仲采取农工商并举前行的政策，铸行刀币，鼓励经商，让齐国各方面有了突飞猛进的发展，使得原本就不弱的齐国更加强盛，成为东方大国，并首霸诸侯。因此谈齐国的历史，没有人不谈到齐桓公姜小白的，也没有人不谈到管仲的。时势造英雄，姜小白和管仲无疑是那个时代最大的赢家，君臣同心，其利断金。

春秋晚期，齐国先后灭掉了纪、谭、莒、莱等诸侯国，使齐国的疆域有了一次质的飞跃。齐国将国土扩展到沿海地区，为齐国的开放型沿海工商经济和内陆农业经济同步发展创造了极佳的条件，促进了齐国社会经济的进一步发展和繁荣。向东扩张消除东方的敌对势力后，齐国没了东方的后顾之忧，这对东部地区的开发利用和统一管理极其有利。于是，齐国着手把战略防御进攻重点转向南边的鲁、楚，西南的卫、晋、宋以及北邻的燕国，所以齐国修筑长城是为了防御这些周边国家，而不是为了防御北狄，这是学界的共识。因为北狄还侵犯不到齐国，尽管历史上也有过匈奴小股部队偶尔侵犯齐地边界的事件发生，但相比起匈奴与赵国和燕国之间的冲突来说还是要少得多，齐国与匈奴之间的战争多为齐国帮助其他国家攻打匈奴。在春秋战国时期，抗击匈奴的主力军几乎全部交给了赵国和燕国。没办法，齐国运气好，地理条件也好，这由不得他们，齐国只需要自谋发展就行。齐桓公自从打退山戎，救了燕国，定了鲁国的君位以后，各地方的诸侯全都佩服他，把他当作安定列国的领袖。齐桓公和管仲只需花心思巩固自己的地位，让齐国更稳定，经济更繁荣就好。钱才是硬道理，没有钱谈什么发展？没有钱如何当英雄、当领袖帮助别人？

桓公台建筑遗址

《国语·齐语》记载："桓公曰：'吾欲南伐，何主？'管子对曰：'以鲁为主，反其侵地棠、潜……'桓公曰：'吾欲西伐，何主？'管子对曰：'以卫为主，反其侵台、原、姑与漆里……'桓公曰：'吾欲北伐，何主？'管子对曰：'以燕为主，反其侵地柴夫、吠狗。'"由于齐国和燕国交界处地势平坦，又有清、浊河为自然屏障，故无修筑长城。春秋时期燕国在经济、军事力量上弱于齐国，故而当时齐国的敌对势力主要是南邻的鲁国和西南方的晋、卫、宋诸国。当时鲁、晋也是非常强悍且强大的国家，齐国的敌人和压力主要来自南方，要想称霸，要想拓展，自然是要付出许多血的代价，甚至是几代人的努力才行。这是齐国的梦想，其实也是其他国家的梦想。齐国想兼并别人，别人也想称霸，也想兼并周边国家，所以齐国不得不防。正如周边国家也在国界边修筑长城一般，这是当时最有效的防御措施之一。这些从《左传》《史记》等诸多史书中都能找到佐证。

《左传》襄公十八年载："冬十月，会于鲁济，寻湨梁之言，同伐齐。齐侯御诸平阴，堑防门而守之，广里。夙沙卫曰：'不能战，莫如守险。'弗听。诸侯之士门焉，齐人多死。"这是齐晋平阴之战。

《左传》宣公十七年载："十七年春，晋侯使郤克征会于齐。"这次

齐景公殉马坑

是齐晋之战。

《左传》襄公十八年载："晋侯伐齐，将济河。"这也是齐晋之战。

《左传》襄公十九年载："晋士匄侵齐，及谷，闻丧而还，礼也。"这也是齐晋之战。

《左传》襄公二十三年载："齐侯遂伐晋，取朝歌。"这也是齐晋之战。

由此看来，春秋战国时期称雄争霸的政治形势很明显，战争一触即发，齐国与鲁、晋、卫、宋诸国军事上对峙已久。齐国虽说经济、军事都很强，但不是无坚不摧、无所不能的，在跟这些国家打仗的过程中也是有胜有败。再强大的国家都要未雨绸缪，齐国始终走在改革开放的前沿，秦国用商鞅变法，韩国用申不害变法，楚国用吴起变法，燕国用乐毅变法，魏国用李悝变法，赵国用公孙仲连变法等，这些都是战国中期的事情了，而齐国早在管仲时期就在变法，自然能先走一步。当管仲和齐桓公看到楚国的长城为楚国带来了自信时，齐国这一对有着特殊政治敏感的君臣不会无动于衷。随着社会经济发展和繁荣，以及军事上的需要，齐国选择在齐鲁交界处泰沂山脉修筑长城是一种必然。至于为何没记载齐国早期修筑长城的时间就不得而知了，因为长城虽说是军事工程，但绝对不是保密工程，这么浩大的工程几乎用了举国之力，秦始皇统一后筑长城动用百万人次，齐国修筑千里长城，最少也在一二十万人吧，将一千五百多座山都连接起来的工程，自然不会是想保密就能保密得了的。不记载，估计是无须兴师动众的记载，长城是有实力的国家的标配吧！大家都在建，各国都有建长城，有什么必要重墨记载的？

据《太平寰宇记》记载："齐宣王筑长城于此，西起齐州，东抵海，犹有遗址。”又据《水经注》“大岘山”条（卷一）载：“县北偏东百五里，上有穆陵关；关之南北为沂朐分界处，齐宣王筑长城于此。”《太平寰宇记》是宋太宗时所作的地理总志，《水经注》是北魏晚期郦道元所著，这两处的记载都是后人所记，不是当事人、当政人所记，也正好说明了以上问题。这两本书记载齐长城的好处是，这个文化一直在延续，没有间断，也是我们今天有据可考的宝贵资料。

《章丘县志》记载：“相传齐所筑长城以御楚”。若据此认为齐修长城是为了抵御楚国，我认为有些牵强，齐国和楚国相隔千里之遥，两国之间也有战争，但齐国的威胁还不在楚国。当然，如果从广义上来分析，齐国西南两个方向的大国都是齐国的敌对方，齐国和秦国一样，有着大统一的野心，纵使万里之遥，也是敌人，那么齐国修筑长城防御楚国和秦国都是合理的。

当然，修筑长城的目的很少有单一的，如秦昭襄王在长平之战时修筑的临时秦南长城一般，那种是极少的现象，而且也是临时的作为。楚修长城目的在抵御秦国，却也有效挡住了齐国的军队，所以长城的功效绝对不是单一的。齐国修筑长城没有明确地说是防御哪一个国家，既然将齐国边界围了起来，来者亲善，是客；不亲善，是敌，长城可以抵御一切外来入侵者。所以一定要给这段长城下个明确的定义是错误的。

有齐地专家认为齐长城的东段是从莱芜、章丘交界地带开始，这个没有佐证的资料，所以尚不能定。根据古代地图分析，齐国当时是由博山出青石关向南有一条通往鲁国曲阜的交通要道，此处为齐鲁两国交界地，齐鲁出关交流几乎都是靠这条道，于是专家们分析齐长城的东西段分界处应在博山一带，今沂源以东即是战国时期田氏齐国所续修的东段长城。这一分析还需要更多的佐证，结合考古以及文献资料来证明。这已经进入到科学考古的范畴，暂不纠结。我们只收集到战国初年齐威王修筑长城的情况，如：

《史记·苏秦列传》正义引《纪年》云："梁惠王二十年，刘闵王筑防以为长城。"

《水经注》（卷二十六）云："梁惠成王二十年，齐长防以为长城。"

《史记·赵世家》云："（成侯）七年，侵齐，至长城。"

《吕氏春秋·下贤篇》云："文侯可谓好礼士矣。好礼士，故南胜荆于连堤（即早期长城）东胜齐于长城，虏齐侯，献诸天子，天子赏文侯以上。"

有关齐宣王修筑长城的史载有：

《史记·楚世家》载："齐宣王乘山岭之一，筑长城，东至海，西至济州，千有余里。"

《山东考古录》载："大约齐之边境，青州以南则守在大岘，济南以南则守在泰山，是以宣王筑长城，沿河，经泰山，千余里至琅琊台入海。"

又考杞梁妻条亦云："……长城筑于宣王之时，去庄公百有余年，而齐之长城又非秦所筑之长城也。"

这里得说说杞梁妻的故事了。关于这个故事，最为流传的版本是说有一个叫孟姜女的女人，因丈夫范喜良（杞梁）被抓去修筑万里长城思夫心切，千里跋涉寻到长城脚下，得知丈夫已死，号啕痛哭，顿时天昏地暗，一声惊雷，长城倒塌一大片。这个故事用一个弱女子寻夫的故事生动地讲述了当年秦朝的暴政，修长城的艰难和民众所受的苦难。这个故事还有其他版本，比如与齐长城有关，如上资料所述“又考杞梁妻（孟姜女）条亦云：‘……长城筑于宣王之时，去庄公百有余年，而齐之长城又非秦所筑之长城也。’”那孟姜女和万杞梁（范喜良）到底是哪个朝代的人？哪个国家的人？万杞梁到底是被哪个暴君在新婚之夜抓走去修的长城？修的又是哪国哪一段长城？其实杞梁妻的故事内容是不断变化的。《左传》记载有这样一个故事，说齐国有一个武将叫杞梁，战死沙场，遗体被运回齐国时，齐王在郊外为他哭丧，杞梁的妻子认为齐王在郊外哭丧不合礼仪，表示不满。《礼记》中也记载了类似的故事，说杞梁妻迎接丈夫的遗体回来，路上大哭不止。西汉时，刘向对故事进行改编，说杞梁妻大哭不止，并哭倒了城墙。可能是人们痛恨秦的暴政，就把这个故事与秦滥用民力修筑长城联系起来了。

根据以上的文献记载，齐国至少是在战国早期就有长城，齐长城不是在某一个齐国君王时期完成的。

齐长城的往事

各国修筑长城都是因为军事上的需要，而修筑长城又是经过非常复杂且认真的选址的。许多长城都是修筑在国界周围的，这种形式取决于地势，若边界地势合宜，就在边界上；若边界地势不合宜，那就因地制宜。这样的好处在于长城既可以为界，也可以为防，一举两得。但大规模修建军事工程的国家都是有野心的，由于战争的原因，各国分分合合，长城多半失去了界的功能，而主要用于防护了。长城同秦直道一般，具有双重作用，利时打开城门，可以以长城为后盾去攻占他国土地，失利时可以退据长城以自防自守。各国、历代修筑长城的用途皆如此。

鲁国是周公旦的封地，跟齐国一样，有着身份显赫的先祖和睿智的后人。春秋时期，鲁国跟齐国一样，也是赫赫大国，国势强盛，彼此为邻，又长期不睦，于是两国都在边界修筑长城而互防。因此在长期的齐鲁战争中，两国军事均衡，国力相当，互有胜负和伤亡，但又都没能伤筋动骨。直到公元前 265 年楚国灭了鲁国，齐国和鲁国这种不知疲倦，你来我往的较量才告一段落。但齐国去了旧疾，却添了新患，鲁国这个世敌没了，楚国这个新敌更麻烦。于是，齐国又为防楚不得不续修了东段长城，并对长城做了细致的改良，如在长城上多设烽火台、防门、关塞、关卡等，

齐长城遗址

于是长城就多了通讯功能。当然，这种建筑结构我们不知道在早期的其他长城上是否也有，因为现在没有多少实物可以考证了，但是长城之所以有厚度，不仅仅是一座长长的墙，应该也有相应的构造吧！烽火台应该是必备的。

果然，长城修筑完成以后，为齐国争取了好多发展的时间，使得齐国的经济一直处于繁荣状态。齐长城自修筑以来，到齐国灭亡的数百年里，为齐国称雄、争霸，在春秋到战国这场浩瀚兼并大潮中一直立于不败之地立下了汗马功劳，原本防鲁，伐燕、赵，攻卫、宋的齐国，最后与强悍的秦军和楚国一争高下，并坚守到最后，齐长城完成了历史的使命，成为战国中最后的风帆。若不是齐国最后的决策者失误，齐国也许还会万年绵长，齐长城还会继续发挥它的作用，守卫着齐国核心疆域，为齐地子民造福。

齐长城考察记

二十多年来，我的足迹遍布全国各地的古山野川，春秋到战国时期各国的古墓、古城、古驿站、古道、古长城多有涉猎，所有的考察行动中，长城是最艰难的，尤其是春秋战国长城，几乎都是在人迹罕至的高山丛林，难度可想而知。

在所有的考察中，我对齐长城的印象最深，过程也甚为愉悦，尽管也受伤过，但是感觉却跟考察其他长城不一样。这可能源于我对齐长城的魂牵梦绕吧！因为我梦绕的不仅仅是长城，还梦绕着在齐长城那边的一个人，她是我二十多年前的同窗、同室闺蜜李荣，也是一个跟我一样假小子似的女孩，一个历经生活磨难却从不屈服的乐观诗人。

之前去过齐地多次，也考察过多段齐地的长城遗址。由于前几次去的主要目的是为了寻找《泰山刻石》——传为秦朝丞相李斯撰文并丹书的摩崖石刻，所以对长城的考察不够系统，说实话也是有些畏惧。因为齐长城建在起伏连绵的泰沂山脉的山岭和平谷之中，西起黄河，东至黄海，东西蜿蜒千余里，几乎把整个山东分为南北两半，蜿蜒起伏在1518座山峰上，许多路段也都漫漶不清或者被其他工程阻隔，考察难度很大，如果作系统的考察，体力也很难支撑。所以几次考察都没能深入。这也是我对齐长城魂牵梦绕的另一个原因。因为老感觉还是不尽兴。

我想，春秋到战国晚期，秦国和齐国之间很少发生战争，其主要原因不是谁强大，谁弱小，而是实在是路途遥远，中间还有其他国家相隔。我虽楚地人，多年来我生活在秦地，现在飞机、高铁发达，就这样去往一趟也感觉很不容易。齐长城离我太过于遥远，所以不像我对其他长城的考察，说走就走，开车自驾就出发了。在齐地驾车不难，认路也不难，难的是心怯和没人能有那么多的时间陪我同行，毕竟人生地不熟，毕竟齐长城太长。

2017 年 10 月中旬，陕西作协安排去济南学习，时间还比较长，这次是不想打扰朋友都由不得我了。于是提前安排好行程，为了不影响学习，还是在月初就出发了。出发前先去的北京，拜见了老朋友白烨、王子今、孙家洲、李肖等一大批文化学者和历史学家，向他们说明我此去的目的和考察计划。家洲先生是山东人，又是历史研究类顶级文化学者，特别热心，他不容分说地就帮我联系了山东考古研究院郑同修院长，让郑院长给我提供一些关于齐长城的资料，并叮嘱尽可能在我考察途中提供便利。

我有个习惯，考察前先要去博物馆寻找相关信息和资料。这次运气好到极点。我在山东博物馆遇到战国简巡展，其中更有我多年四处寻访却都没能大规模找见的睡虎地秦简。从不吃馍的我，拿了个馍就钻进博物馆如饥似渴地待了整整两天才去拜望郑同修先生。郑先生不愧是山东考古界的“掌门人”之一，对齐地长城如数家珍。因为我要学习，不能走开，否则应该参加临淄正在召开的齐长城研讨会的。

陕西作协组织的这次学习在济南城西南方向约十六七公里的开山里进行。开山实在是一个很小的山，海拔只有330米，当地人称撅子山。这原本是个名不见经传的小山，却因诗人徐志摩之死而引发关注。1931年11月19日，徐志摩乘坐的中国航空公司济南号邮政飞机在飞往北平时，遇大雾在此触山，坠毁在该山西侧的西大山。学术界人士依据距离最近的开山村称撅子山为开山，现已被学术界认可使用。山东人为了表达对徐志摩这个年轻才子的纪念，在位于长清大学园区的西大山上修建了徐志摩纪念公园，当年飞机失事的地方也有徐志摩墓。因为都是文化人，徐志摩又是本家，于是坚决要去祭拜，几个当地朋友也就翻山越岭、披荆斩棘陪我去了。道路实在是艰涩难走，导航定位徐志摩墓离我们学习的地方只有0.7公里，按说翻过一个小山头就能到达，跑到山顶却显示还有2.8公里，而且很快手机没信号，无法导航。于是我们凭着经验和先前所了解的情况又下山朝东走。上山没路，下山依旧没路，山上全是野枣刺、苍耳，每个人手脚都有划伤。这些并不可怕，可怕的是好不容易翻到山对面，回头一看，就在我们刚下山的山头朝东不到200米的地方有长城。朝东、朝西的山顶都是，就恰恰是我们翻过的那一点点地方长城中断了，而且视线还刚好就挡住了长城。折腾了近3小时，滴水未进，原本以为去徐志摩墓一个来回加祭拜最多2小时，结果离徐志摩墓越来越远不说，还错过了齐长城。

我自然是一定要再去看看齐长城的，所以决定再上山，让精疲力竭的朋友们在山下就地休息等我。懂我的都知道我的性格，知道这一等就不是一会儿，可能是一天。于是就有几个人决定先出山给我们找吃的，大家确实是又累又饿又渴，于是就分成3组，一组出山找吃的，可能是又找不见回来的路，电话也不能通，就不见人影了。另一组坐在树下歇息等我去考察长城。由于害怕我一个人危险，最后还是有几个男士陪我上山。

由于怕耽误大家的时间，这次我们没有绕路，而是直线上山，其实这是最危险的，当天他们是临时决定陪我爬山的，几乎穿的都是皮鞋，有的还西装革履，一路爬山被荆棘划拉得已经惨不忍睹了。上山的路荆棘遍野，山上有人为绿化种的松树。松树都不高，长势也不旺，估计是风大加上干旱，成活率低。树也明显是种过一茬又一茬，一年又一年的，但仍然有许多都枯死了。植树人用隐形铁丝网将树相互牵扯住，有的铁丝网已经生锈断裂，有的铁丝网上还有铁蒺藜倒刺，旁边杂草丛生，只有扎疼了、划伤了才能发现这些秘密。就这样精心呵护，依旧许多树都不能存活，只有坑，不见树，坑底又长出其他杂草或者酸枣树，一不小心就掉进树洞里半天爬不起来，我掉进去几次都是被同伴拉起来的。同伴也有脚滑掉下去的，所以爬到半山腰，谁也不敢掉以轻心，几个人相互手拉手“之”字形往上走，山上的石头、砂砾不停地往下滚落，有的石头还挺大的，当天风也很大，他们都担心我这么纤弱的身子无须大风就能将我吹下山，我们每踩一脚也有石头往山下滚落，挺吓人的。

大约又爬了40分钟吧，总算是到了山顶，也见到了长城。只是这一段的长城怎么看怎么奇怪。我对长城有一定的经验，看到这一段长城也有些纳闷。石头看上去有些年头，可是都如用清水洗涤过的一般干净，没有植被和青苔，也没有一触即碎的风化，是这里的石头坚硬，还是长城的精神永垂呢？想着齐长城之所以能保存得比较完整，也是因为人为的破坏相对较少，山不太高，石头风化得不严重。此处的长城石头不像其他长城一样是用三合土或者泥浆粘连在一起，而是人为地一块一块堆积上去的，随时都可以取下来。长城的厚度也不厚，不到1米宽，更多的是半米到70厘米。沿着长城走了很长一段，放眼望去，一山连接一山，长城痕迹非常明显。资料上显示，齐长城所经路线就是要从这一线穿越。但是我估计这不应该是齐长城，这倒很符合桂林葡萄古镇石头城附近山上的情形，石头城是曾经有过城，但漫山遍野如同长城一般相连的石头堆砌物，不是长城，而是为战争而堆的堡垒，为的是居高临下躲在石头后面防身，若敌人攻上来又可以把石头作武器往山下扔。我想此处的所谓齐长城跟石头城附近山上的石头有着异曲同工之处。事后我将拍好的照片给郑同修先生看，郑先生一时也拿不准，给我找出许多齐长城的资料和路线图，恰好当时临淄正在召开齐长城研讨会，郑先生为了认真起见，向其他长城专家请教，有人认为此处可能不是长城，可能是明代的防护墙，有的认为是现在为了植树垒砌的绿化用的防护墙。

我认为这两种可能性都有。只是，这么多的石头是怎么运上山的呢？这山上分明没有这些石头，如果从山上凿出这么大量的石头，估计比从山下往上运还难吧！

我仔细查看过这些石头，石头有年头，不是新石，至于到底是什么年代的不可考。跟郑韩长城的石头一样，大一些的石头上偶尔能找到明显的箭伤或者钝器划伤、砸伤，有可能是战争留下的痕迹，也有可能是当年修筑长城凿石头或搬运石头留下的痕迹。城墙周围也有一些年代久远的被风化的各类骨头，应该不是战国时期的，因为此处没有能保存如此之久的条件。

我知道济南市长清区境内是有两条齐长城的，一条为主线，另一条为副线。主线西起孝里，经双泉、马山、万德与泰山相连，副线均在主线以南，长清与肥城、泰安交界线上。按照我所站立的位置来看，如果此城为齐长城，那么它应该是齐长城的副线。

齐长城副线和主线之间有一些屯兵营房和石砌通道之类的建筑，城墙

开山处石头城

一般高 5 米，厚 2.5 米，城墙内侧有守城马道，高 4 米，宽 2 米，马道下依墙建有石屋。按这样的记载，我脚下的石墙又不是当年的长城。其实也肯定不是当年的长城，如果齐长城当初是如此建造，那是不堪一击的。

济南长清境内的齐长城现存的约有 97.8 公里，因为每座山都很小，很低，所以长城翻越山头 294 座，因此这近 98 公里的长城也是很绵长的。

依据文献记载，齐长城在施工时节、地点，工程体制，施工进程，工程的管理与维修等方面都很考究的，有资料说齐长城前后历经姜齐和田齐数代人 170 余年才修筑而成，也有资料说是历经 260 余年修筑而成，是中国修筑时间较早的长城之一，但并不是长度最长的长城。齐长城多依山而筑，山岭之地又多筑在峰顶处，故齐长城又有“长城岭”之称。由于齐长城跨度大，所经沿线还有平坦之地，所以齐长城的整体建筑结构设计、城墙结构以及用材用料较为多样。大多为就地取材，这样方便快捷，也省事省力。随山势而筑的城墙一般都是利用大小不一的自然石块砌成，很少用灰浆等物凝固，这类长城因为自然环境和条件的原因，多半保存还算完整。而平原低谷地段所筑长城多是夯筑而成，由于坚固度不够，外加几千年的风吹雨刷，毁坏较为严重，这是春秋、战国长城的一个普遍现象和保存现状。

钜防或防门应该是长城上的一个重要关口或者重要建筑，现在有学者认为钜防或防门是土筑的城墙，这个答案应该不算完全正确，因为这两个词可以通用，在史书中也经常能见到，如《战国策・秦策一》：“长城，钜防，足以为塞。”一本作“钜坊”。《苏秦传》注：“济北卢县有防门，又有长城，东至海。”《后志》注：“防门即钜防。”《史记·苏秦列传》：“虽有长城、钜防，恶足以为塞。”通过这些记载至少可以肯定钜防或防门不代表所有的长城，也至少是长城的一部分，但并不能证明它们就是土筑的城墙，否则就没必要这么来表述了。

我脚下的这段长城情况复杂，按照资料介绍来说，好像这段“长城”又符合齐长城的建筑形式。因为全国各地历朝历代的长城城墙的建筑材料，多就近取材，山岭地段的长城墙，因取石之便，即用石砌；平坦地带，若无石便取，即用土筑。这段“长城”虽说不是就地开山取材，也是取材于这座山，因为山的东面和西面 1 公里处都有大量开山取石的痕迹，只是痕迹不是古老的，估计今人还是在这个基础上取石而用吧！因为遭到破坏，我们也就无从找到当年开山取石的遗址了。

齐长城保存较为完整，大部分地段被修缮过。有历朝历代为了战争或者其他原因修缮的，也有近年来为了开发旅游修缮的。但齐长城几乎是以旧修旧，因此具有很高的考古价值和旅游价值。有人说齐长城先于欧洲的雅典壁垒 200 余年，早于秦长城 400 余年，堪称“中国长城之父”“世界壁垒之最”。

齐长城在济南市长清区境内的大峰山峰顶有很长一段，大约 1300 米，是目前为止春秋、战国长城保存最完好的一段。

山东处处都有抗日故事，陪我一起考察这一段长城的作家孙石成的祖父也是抗日英雄，他对山东近代史如数家珍。济南大峰山曾经是长清县抗日根据地和长清第一届县委诞生地，大峰山附近有烈士陵园、奎文阁、金蟾洞等 30 多处人文景观和由 60 多种珍禽异兽及万亩林地形成的省级森林公园。这些景点都是在齐长城的附近。齐长城一定程度上在抗日战争中还在发挥着保护当地人民的作用。

顿时我对齐长城肃然起敬，对齐地的人们有了一丝羡慕甚至嫉妒，他们的祖先太爱他们了，给他们留下的不只是精神财富，物质财富，还是他们的护身符，保护伞啊！

近年来，济南市政府把齐长城旅游区的开发作为西线旅游建设的龙头，成立了长清县齐长城旅游区管委会（后改为济南市长清区齐长城旅游区管委会），并着手修复齐长城，使其成为社会主义教育基地及齐长城旅游区。而我们学习的地方就是社会主义教育基地。我们这些来自 3 个省（山东、陕西、江苏）的 50 多个作家就是在齐长城脚下学习了半个多月，因此对齐长城的了解和感情更深了一步。

齐长城是目前所见到的春秋战国长城中保存最好、军事防御功能最齐全的一座，它上面城墙、防门、关塞、燧、亭、烽火台、女儿墙、敌楼、马面样样俱全。我通过实地调查发现，在长清与肥城边界的大石关，博山区鲁山之北的青石关及临朐与河水边界都有长城遗址，而且这一段是 3 条副线。截至目前，山东的考古学家们经过长期且认真的实地考察，共发现 12 处重要关隘，9 处便门，50 余处城堡、兵营遗址，12 处烽燧。虽遭到破坏，也不难想象齐长城当年的雄壮。

我沿着这个石头墙走了一段又一段，仔细勘察了地形和现状，发现漫山遍野都是散落的石头，有的如同楚长城南阳处一段一般，石头都被山体掩埋了一多半，由于此地风大，更多的是自然滚落在四周的石头。近处没有发现明显的开山凿石的痕迹。我不得不为古人的劳动捏一把汗，我们几个壮年轻装上阵爬到山顶都费了很大的劲，这些石头若是防护墙，从山底运输上来，不亚于齐国当年修筑长城的工程量，齐国的长城前后修筑几百年，这防护墙要修多长时间才能完成啊！是什么人组织修筑的这项工程呢？如果是后来人为了绿化修防风墙，此墙也挡不住多大的风，如果大风能将植根于大地的树木刮走，肯定也能将这个防风墙吹倒的。因此我认为这段建筑至少不是防风墙。

这么多的石头就算就地取材从山上凿，那也是巨大的工程。那这会不会就是当年齐长城散落下来的城砖堆砌成的呢？这个问题后来又跟许多专家学者讨论过，我将我在各处拍到的长城照片，以及齐长城其他处的照片同这里堆砌的石头做比较，很接近，但因为大家几乎都没实地考察过，慎重起见，没有人敢妄加定论。但是有一点大家是一致认可的，靠山吃山，靠水吃水，全国各地长城、古城等大型遗迹周围的人们就地取材，取文物上的石材、砖瓦、木料盖房子，盖功能建筑（如猪圈、羊圈）等太普遍。我经常游走于野外，常看到古迹周围的人家房子、猪圈、牛圈、院墙，甚至洋芋窖是由古城砖或长城砖盖起来的，有的上面还有文字和图案。

根据散落的石头，以及石头的年代和地形地貌，再结合有关资料显示齐长城的路线图，我认为这就是齐长城，不过不是齐长城原貌。尽管此山不是很高，但也是周围最高的山，因为离城区比较近，山的周围都是人频繁活动的地方，加上年代久远，所以此处长城遭到毁坏。我想，应该是齐长城的石头散落得漫山遍野都是，到了明代，人们为了修防护墙，便就地取材，将这些石头垒了起来。再后来国泰民安，这留下来的石墙便又成了绿化防风墙。所以，齐长城只是以另一种形象展现在我们面前而已。长城，顾名思义就是长长的石墙，我相信长城的祖先就应该是这个模样，这里只是恢复了一段长城最早的形态而已，挺好的。

由于找不到更准确的资料，关于这段石头墙我也只能推断到这里。

最愉快的旅行

淄博涌泉齐长城坐落于风景秀美的山东淄博市淄川区东南部的一片山脊上，那里群山相连，古树相拥，寂寞幽静，放眼望去梯田层层叠叠，长城一望无际，像一条银色的长龙盘桓在山顶，在阳光的照耀下，整个山都在散发着银灿灿的光芒。这里山上没水，也没绿色，感觉就像是上天遗落在人间的一堆银锭。

山下倒是很热闹，古树参天，小溪潺潺，人们操着浓重的乡音恣意盎然地开怀大笑，开怀痛饮。在这里我发现了一个很奇妙的现象，山脚下的田埂都是用石头垒成的条状围栏，看惯了其他地方的长城遗址，刚上山我就感到惊奇，以为全部都是长城的残迹。但是仔细一看又不对，漫山遍野，层层叠叠全是这样的围栏，正因为有了这样的围栏，才将一家一户的田地分割开来。巧合的是，这些石头也是有些年头的，用石头给庄稼地打围栏也不是一代人能完成得了的，应该也如齐长城一般，是数代人劳动的结果。我不得不为齐地人的勤劳点赞。

前面我已经说过，齐长城多处被开发成旅游景点。淄博这一段长城也已经开发成旅游景点，而且还是一处热门的景点，外地来淄博的游客基本上都知道这个地方。

山底下有一个简易的牌坊门，游客的车到此止步，得就地找一个停车场，坐景区内观光车上山。

一路上山没怎么费劲，游客稀少，景区里的介绍也很有限，没能找到有价值的资料可供参考，只能实地探查。

这段长城是齐长城保护得相对完整的一段。沿途烽火台和兵营遗址很明显，遭到破坏不多。山势雄壮，长城威武，古树掩映，加之古战场的痕迹，使人仿佛瞬间穿越到那个曾经号称东帝的齐国鼎盛时期。

站在山巅，俯视群山，使人不由感叹这2500年前的古人杰作，用鬼斧神工来形容都感觉欠缺一些力度。有一段侧山石像是被巨人用刀斧砍断，整齐划一地从中断开，却又相互对峙，俨然两个不服输的士兵在叫板，或是两军对峙互不让步，体现出大国的底气，或者将军与将军之间的坚毅果敢。

涌泉的劈山比较有名，估计说的就是这个山石吧！这一段将长城的所有奔放和雄壮都毫无保留地展现了出来，是齐长城最好的写照和缩影。也有传说说孟姜女哭长城哭的就是这一段。

这段齐长城上现在可以见到齐兵营、千年石门、烽火台、劈山关、姜女台、孟姜女哭长城断墙处、内外古城墙等，这其中有些为历史遗存，有些是后加的景点，它们都让人感觉长城更生动一些了。

两千多年能保存至今还是很罕见的，这是所有春秋至战国时期的长城之幸事，因为这一段长城是古老的长城遗迹，我对这段长城是怀着崇高的敬意的，如同面对老祖宗一般无比的虔诚和敬仰。我想在两千多年前我是不是也是齐地之人呢？有很多资料显示徐姓的始祖在山东。徐姓血缘始祖伯益的地望在山东。东海徐氏，也在山东。如徐国是在夏禹时，伯益因辅佐治水有功，其子若木被封于徐。其他国家也一样，都是东方很古老的诸侯国。徐人起源于山东南部，后来由于战争等多种原因，徐族几次南迁，最终定居于今安徽，江苏北部的泗县、泗洪一带。我想，我的祖籍也应该在山东，我的祖先肯定也参与过修筑长城或者利用过齐长城。因为我见到齐长城有着一股似曾相识的亲近感，这是在其他长城处很难感受到的一种强烈的磁场。

当你站在齐长城脚下仰望，它就像一把把锋利的钢锯，将古代文明和现代文明分开，长城就像是人类文明的一个分水岭，一次次的战争又促进了文明发展。人类的进程随着战争的缘起缘落而前行，矛和盾的组合不恰当却永远又是那么的和谐，生命周而复始地演绎着或精彩或复杂的故事，这些故事又被我们自己所消化，所感染，所感动，所延伸，神奇的延续。曾经金戈铁马被一道道厚厚的墙所阻挡，如果我们尾随一个身影追溯，如果我们能进入历史的现场，我们是否也能这般励志将历史拉成一条没有波澜的长线，直至久远。

没有战争就没有人因此而死，没有贪婪就没有杀戮，长城的缘起虽为智慧的结晶，又何尝不是残酷的开始？我们今天站在长城上缅怀古人，访古探幽，我们如同智者或者哲人般对它指指点点。回望历史，俯视脚下，我们又何尝不是那个哭长城的孟姜女，在苦苦追寻着心中的那个杞梁，在寻找着那份过往的真相。而脚下的长城伴随着多少人的流血牺牲才成就了今天的伟业？这是我们追寻的真相和想要的结果吗？这是我在长城上思考过无数次的问题。没有战争的历史如一抹彩虹让人向往，和平总是人类追求的方向，但燕国的历史几乎算是波澜不惊的，却又是让那么多哲人和历史学家“失望”。是人类在缔造历史，也是人类在缔造故事，没有故事的历史是苍白的，没有故事的人生是无味的，我们永远在矛和盾中纠缠，我的矛是最尖锐的，没有盾戳不穿。我的盾是最结实的，没有矛能戳得穿。这就是千百年来人类的本真。

我们从齐长城上可以看到春秋战国所有长城的构造和形制，设计如此庞大的工程绝非易事，这种精心的安排和精确的计算是如何实现的呢？而组织实施此项浩繁的工程难度更大，需要长时间人力物力的协调组织，配合施工方可完成。中国人是强大的，中国人是伟大的，齐长城展现了齐国当年综合国力的强盛和经济基础的雄厚，也全面展示了那个时代的一个普遍现象和大国雄风。随着秦统一战争的开始和楚、齐相继被秦所灭，齐长城逐步退出了战争的舞台，暂时失去了军事上的防御作用，但作为春秋战国时期强盛齐国的见证和我国最早的长城遗迹之一它永载史册，万古留名。

涌泉劈山齐兵营是千里齐长城保护相对较好的古遗址之一，涌泉齐长城风景区占地面积 30 余万亩，海拔 500 余米，三面环山，距今已有 3000 年以上的历史。景区内又修建了许多人为景区。览古观今，这是一个不错的旅游景点，也是一个很好的爱国主义教育基地。

齐长城还有几处开发得也不错，如沂水齐长城：这处长城越过风景秀丽的东泰山——沂山，从气势雄伟的泰薄顶进入沂水县境内，横跨 5 个乡镇，筑于崇山峻岭之上，俯临鲁南丘陵平川，逶迤 120 多华里（60 多公里）。沿线有高处不胜寒的烽火台、点将台，群峰迭嶂的沂山森林公园，巍峨肃穆的穆陵关，庄严雄浑的常将军庙，孔子周游列国时留下的行教堂，威震边关的韩通城等名胜景观。登临古长城，览胜沂蒙山，千古风云，尽收眼底；极目远眺，万山奔涌，林海卷翠，沂沭凝碧，彩云流飞，农田村落，炊烟缥缈，令人心旷神怡，感慨万千。长清齐长城：长清齐长城，横亘济南市长清区境内，这段长城应该为春秋始建，这一段至今保存得很好，也已经开发成旅游景点。五莲齐长城：五莲齐长城，西自汪湖镇的河西水库入县境，途径汪湖、高泽、许孟、洪凝、松柏、户部等乡镇，横贯两河和近百座山头，全长 50 余公里。经两千多年的沧桑巨变，仅存许孟镇山王庄村西岭和松柏乡前长城岭村后两段遗址。西岭一段高 2.5 米，下宽 6.5 米，顶宽 3.5 米，长约 15 公里，略呈南北向，皆用沙土夯筑而成；长城岭一段残墙 1.5 米，墙基宽 6 米，村东西山上各有烽火台一座，高 5 米，直径 20 米。

齐长城大部分地段都保存得比较好，因此很多地方都将开发成旅游景点，保护和利用相结合，是目前为止对古遗迹最好的保护方式。

古长城是中国宝贵的历史文化遗产，也是中国最大、最古老的军事防御工程，它们的存在为研究中国的军事史提供了重要的实物见证。丰富了历史，延续了文明。

长城与齐国灭亡

这是一个非常矛盾的标题。齐修长城是为了保卫齐国，跟齐国灭亡是没有关系的。我想表达的是从齐修长城到齐国灭亡的历史路线图。

齐国的灭亡实在是令人匪夷所思。这是一个原本最有希望统一六国的国家之一，却被秦几乎不动一兵一卒就收服了。可历史就是这么怪诞，越是不可能的事情偏偏就发生了。

齐国的开国君主是历史上赫赫有名的思想家、政治家、军事家姜子牙（姜尚）。他曾经是西周早期西伯侯（周文王）姬昌的军师，辅佐过周文王和周武王两代国君，他为周王朝的建立立下过奇功。

周武王灭商后封齐地营丘（今山东淄博）为姜尚的封国，于是有了齐国。姜尚的智慧与贤德可与同一时期的周文王、周武王、周公旦和燕召公奭相提并论，为人臣之楷模，人主之楷模，以至于后世人们把姜子牙演化成神。

齐国自建立以来就出过不少人才和强大的国君，国势也日益强大。

尽管篡位弑君以及臣子们相互残杀的事情在齐国也时有发生，却不像赵国那样伤筋动骨，也没乱得那么离谱。百姓们虽很无奈，却也心中有杆秤。逝者有他逝的必然，只要对国家没有大的影响，不影响老百姓的利益，也都还能接受，并以身为齐人而自豪。因为齐国在很长一段时间率领的都是正义之师，代行王权之事。

周成王派召康公授命姜太公，东到海滨，西到黄河，南边到穆陵（今山东省潍坊市临朐县与临沂市沂水县交界处），北面到无棣（今山东省滨州市），五等诸侯，九州长官，齐国都有权利征讨。

穆陵是沂山东麓古齐长城的隘口，曾是战国时期齐鲁两国相争的战略要地，也曾是齐长城沿线最古老、最雄伟、最险要的关隘之一。

而无棣位于山东省最北部，东北濒临渤海，东南连沾化区，南靠阳信县，西接德州市庆云县，北以漳卫新河为界与河北省海兴县、黄骅市为邻。可想而知，齐国的面积有多大，所管辖的范围有多大！它所拥有的殊荣是燕国（燕国的开国君主燕召公姬奭是周王室的亲贵，又是周王朝的开国功臣，功劳绝不比姜尚小）和鲁国（鲁国的开国君主周公姬旦是周文王的儿子，周武王的弟弟，周公旦的功劳远在姜尚之上）都不曾享有的。

齐国因此跻身大国，用太史公的话说，东面从泰山到琅琊山，北面到海滨，齐国拥有肥沃的土地两千里。姜太公用圣明奠定了国家的基础，齐桓公时国力达到鼎盛。

齐桓公曾经向南征讨至召陵（今河南省漯河市东部），瞭望熊山（今湖北省神农架）；向北征讨山戎、离枝、孤竹（这几个地区相当大，北在今蒙古国境内，西在今河北省滦河、青龙河附近，东抵山海关，南濒渤海湾）；向西征讨大夏（今陕西省北部），远涉流沙（今新疆维吾尔自治区哈密市附近）；包缠马蹄，挂牢战车，登上太行山，到达卑耳山（今山西省平陆县西北）才回来。诸侯们没有敢违抗齐桓公的。

他也曾先后召集军事盟会三次，和平盟会六次，九次会合诸侯，一次安定周王室。齐桓公自认为从前夏、商、周三朝承受天命，和他的功绩比起来也没有什么了不起的。可想而知，齐国曾经是多么强大的国家！

齐国曾一度强盛的原因在于他们一直推行善举，主持诸侯会盟，行王者之师，尊奉周天子，为天下人所称颂，所信服，所依附。其他诸侯国都对其礼让三分，将其推上霸主之位。

秦国在秦昭襄王时国力强盛，想称帝也要拉上齐国一起。想想看，齐国当时在诸侯国中的地位有多么重要和显赫！

齐国到战国初期，姜氏的后人齐王康公贷成天沉溺于酒色之中，不务政事。田氏浮出，请求周天子将田氏列为诸侯，周天子答应了。

于是田氏取代了姜氏。不知是出于感恩齐桓公对其祖上陈完的收容之恩还是其他原因，田氏虽夺了君位，却一直沿用着“齐”的封号。如果按照这样算下来，齐国所历经的时间跟燕国一样绵长，只是此后的齐国已不是当初的齐国了。

但是齐国却不同于燕国。燕国是周王室的嫡系诸侯国，齐国是异姓诸侯国。

燕国在早期很长一段时间都是养尊处优，齐国从一建国就战争频仍，直到战国末期才消停了几十年，可就是这看似和平的假象背后却隐藏着一个覆水难收的历史大转折，真是造化弄人。按说好戏在后头，秦统一六国，最有看头、最大的、最有悬念的一仗应该是秦齐之战。因为齐国能臣武将辈出，游侠之士盛行，上至国君，下至百姓有勇有谋；齐国商旅发达，政治清明，学风盛行，唯才是用；齐国地大物博，物产丰富，国库充盈，兵肥马壮；齐国百姓胸怀豁达、深沉而多智，明事理，辨忠奸，敢于挑战邪恶。

早在秦国艰难地与其他五个诸侯国展开生死较量的统一战争之时，东方最为强大的齐国一直保持中立，没有耗费国力。等到秦国的军队经过漫长的统一战争后拖着疲惫的步伐千里迢迢赶到齐国，却被齐国白白浪费掉了这个唯一可以赌一把不用南征北战、四处征讨，坐收渔翁之利的大一统的机会。

为什么说这是个机会呢？

首先，尽管我们不知道秦国当时是用多少人马压境去征讨齐国，但是秦军常年的征战，尤其是在伐赵和伐楚的战争中伤亡惨重，秦国即使很快补充军力，但是以秦国当时的总人口来算，加上统一战争时间战线不是很长，想必秦国能傅籍上战场的男儿也都用上了吧！按这个时间算能补上来的人马应该很有限。

而在战国晚期，齐国有五十多年没打过仗，齐国的疆土不比秦国小，齐国的国力不比秦国弱，齐国的人才不比秦国少。齐国曾经和秦国一起称帝，尽管称帝不久，燕国打败齐国，几近灭齐，可齐国很快又站了起来，全部收回失地。加上齐国休养了五十多年，秦国应该不敢小觑齐国。

多年马不停蹄的战争让秦人很累很乏。加上齐国是个大国，应该是一个很难啃的骨头，所以秦国采用避实击虚，避攻齐国正面，从侧翼进攻的战略。秦国让王翦用举国之兵伐楚，王翦伐楚完后直接带着他的部队打百越去了。只有小股部队随李信、王贲去收拾燕国的残局，而后还是李信和王贲的部队去伐齐。这么说来，秦国去往齐国的人马并不是很多。在这种情况下齐国还有什么可怕秦军的呢？

其二，秦国的军队数十年如一日，一直在南征北战，从来就没有好好休息过。他们人困马乏地赶到齐国的边境，齐国不说用多秦国几倍的军力去迎战，就是一对一的人马也是绝对占优势的。因为秦军士卒的精力不如齐军，加之秦军对齐国的地形地貌远不如齐军熟悉。齐国还有长达一千多公里的长城作防护，齐国只需稍用心思，就能诱敌歼敌。

如果齐国早有防备（齐国应该早有防备，秦国灭六国的用心尽人皆知，齐国不可能不知），设下陷阱，或挖下壕沟，布下战局，纵使秦军是天兵天将也难逃一劫。

古今一理，如果现在一个很有实力的企业家去一个陌生的城市发展，他起先是很难打败本地的同行的，这就是“虎毒不过地头蛇”的道理。齐军就是“地头蛇”，怎么能被一只送上门却又受伤的老虎给吓住了呢！

齐太公姜子牙可是军事家，《姜太公兵法》应该教会齐人如何用兵，如何自我保护吧！为什么在关键时刻没有派上用场呢？

其三，秦国尽管灭了其他五国，除了齐国，全都是秦的领土。但并不等于这些被灭的国家的百姓和臣民都归顺秦国，各国蠢蠢欲动的臣民还大有人在。只要齐国这只猛虎敢挑头振臂一呼，一定会应者如云。这样一来，秦国的军队就会受到前后夹击的危险。

其四，齐国国库充盈，兵肥马壮，而秦军运送粮草辎重却是困难重重。就算秦国国库充盈，国力强大，可这些粮草和军用物资也不会从天而降，

齐地姜太公祠

还是需要大量的人力、畜力往边境运输吧！

且不说这运输途中是否安全，就这运输一趟从时间上来看最快也得十天半月，在这个过程中又要被消耗多少？齐国跟送上门的秦军打仗就没有这些后顾之忧，齐军明显占优势，为什么就不能打胜呢？

而这一切的有利因素在现在看来都是替古人担忧，因为历史不能重来，即使重来决策者也不是我们。末代齐王田建不是个傻瓜，齐国之所以败不完全是田建的责任。这个责任应该归结到他的母亲君王后身上。

但是君王后也不是傻瓜，反而她应该是历史上为数不多的极有主见的聪明的女人之一。这个女人在少女时代就显示出她的不凡。她先是看上自家的园丁田法章，一旦知道田法章王子的身份后便自作主张与其私订终身，为此与父绝交也不后悔。

田建非常依赖母亲，在母亲君王后的谆谆教诲下，他绝不违背母亲意愿。所以当秦国如同猛虎般横扫他国之时，齐王建大门不出二门不迈，远离是是非非，不参与秦国与其他五国之间的纷争。他忘了周天子曾授予齐国的特殊使命和社会责任，只想苟且偷安地守着自己的一亩三分地过着安稳的日子，远远离开硝烟和战火。

君王后的这一决策不但影响着她的儿子齐王建，还影响着来齐国的客卿、大臣以及老百姓。以至于秦军一路走来，齐国的老百姓如同参观阅兵似的，毫无抵抗之意，任其一路挺进，恨不得敲锣打鼓夹道欢迎。

此时的齐王建还信奉着母亲的教诲，加之相国后胜的计策，不与秦为敌，而是主动降秦。于是，秦国俘虏了齐王建，把他流放到共地（今渤海附近），齐国灭亡。

齐国人没有受战争之苦也没人称颂齐王建，反而编歌唱到“松耶柏耶？住建共者客耶？”意思是“是松树吗？是柏树吗？让齐王建住到共地的是宾客们吧？”这首歌是痛恨齐王建在任用宾客时不认真审查，最后才导致齐国灭亡的。

齐国人认为灭齐的是他们自己，而不是秦国。

古人云：“国虽大，好战必亡。天下虽安，忘战必危。”前者说秦、说赵，秦、赵都是因为好战而亡国。而齐国属于后者，在战国时期躲过了战乱，过了五十多年安稳的日子，齐国也算是奇迹了。齐国的老百姓认为这才是亡齐的真正原因。

齐国的灭亡，怎一个懦弱了得！

如今，陕西宝鸡有个地方叫钓鱼台，传说这是周文王遇见姜太公的地方，太公钓鱼美名远扬人尽皆知。文王求贤美名远播。历史有许多的机缘巧合，试想如果姜尚不钓鱼，如果文王没遇见姜尚，历史又会如何？至少不会有跟周王朝一样绵长的齐国，也不会有能封神的姜尚，更不会有传奇般的齐桓公姜小白和一代名相管仲。是否还会有我们眼前的齐长城就很难说了。

有的国君在位时间越长，国家越兴盛，因为他有着足够的时间去治理他的国家，如齐桓公在位四十三年，齐国的国力已经达到鼎盛；秦昭襄王在位五十六年，秦国一跃成为战国时期最强大的国家。然而有的国君在位时间越长国家越弱，如齐景公在位五十八年，景公在三十二年时就盼着有人来接盘齐国，感觉齐国气数已尽。齐王建在位四十三年还是一个吃奶的娃娃，使得国家莫名其妙就灭亡了。唉！怎一个可悲了得？

齐桓公姜小白虽说骄横跋扈，但齐桓公在历史上的影响丝毫不亚于齐的祖先姜太公。齐国之所以保存国力好几百年，这跟齐桓公是有着密切的关系的。一个有作为的君王打下的江山，够数代人消耗，何况齐国历代君王都不弱，这是齐存国的重要原因。

如今八水绕长安中的沣河与渭河交汇处，周朝的国都遗址依旧，想一想当年的太公钓鱼，周文王在一旁恭候求贤的场景，就能知道为何周王朝能延续近八百年。《礼记·檀弓》载：“太公封于营丘，比及五世皆反葬于周。君子曰：乐乐其所自生，礼不忘其本。古之人有言曰：狐死正首丘，仁也。”为政者若不知法度在先还是道德在先，国之难存。齐国的开国君主是人臣之楷模，人君之楷模，只可惜没有永久的兴盛，大兴必会有大落，起起落落、沉沉浮浮是亘古不变的必然法则。如今，我们只能在遥远的地方遥想齐国当年的人和事，与那个国度跨越时空地进行一场“历史”的旅行。

HAN

之三 探秘郑韩长城

郑国或韩国确实有过长城，其修建年代不详，哪国修建也不详，根据现在的考古，结合文献推断，郑韩长城应为郑国所筑，以防秦、魏，韩灭郑后一直沿用，故称郑韩长城。这段长城据说在明代的时候又被加以修建利用，所以长城状态保存得很好，长城的走向很清晰。

小国微历史

从公元前 403 年周威烈王正式承认韩、赵、魏三国为诸侯国开始，到公元前 230 年韩国被秦国所灭，这期间历时 173 年，先后经历 13 位君王，其中前 8 位为侯，后 5 位为王。可以说，韩国历史上最著名的有 4 个人，他们分别是韩厥、申不害、韩非、郑国，这 4 个人没有一个是韩国的君主。

要说韩国的历史，不得不提到这 4 个人，他们身上几乎包含了整个韩国的大历史。这 4 个人的时间跨度很大，韩厥到申不害、韩非、郑国前后相差 250 年之久。而韩厥只是韩国人的祖先之一，不是开国之君，韩国的诞生跟韩厥没有关系，当然，跟韩国灭亡也没有关系。奇怪的是韩国在这 250 年内，好像再没有什么值得提起的人物和事件。

韩的先祖为姬姓韩氏。我们所知道的是韩的先祖如同赵的先祖一样，数代都在晋国谋事。大约在公元前 680 年，一个叫韩武子的人在晋国很有作为，深受晋君的喜爱和信赖，当然韩武子肯定也是立过功，所以获得晋君封地，在韩原（今陕西省韩城市）。但这个受封时间不在周初，史载，韩武子，姬姓，韩氏，曲沃人，名万，谥武，故称韩武子，生卒年不详，生活在公元前 679 年前后。他是曲沃桓叔的庶子，曲沃庄伯的异母弟，即曲沃武公（晋武公）的叔父，春秋初期晋国著名的政治家，战国七雄中韩国的先祖。曲沃武公即位为晋侯后，将韩原封给了自己的叔父韩武子作为采邑，因而以韩为氏。韩武子后三代为韩厥，此时才正式以封地为姓，姓韩。

曲沃在今天的山西曲沃县，在周初和春秋时期都是晋国的地盘，曲沃家族其实就是晋国姬氏家族，晋文侯之子晋昭侯将叔父成师封于曲沃，称为曲沃桓叔。韩武子是曲沃桓叔的庶子，晋武公是曲沃桓叔的孙子，又称曲沃武公，姬姓。曲沃武公继父位成为诸侯王后改称晋武公，纪年仍沿用曲沃武公纪年。

根据《史记·赵世家》所载，晋景公三年（前597），晋司徒屠岸贾作乱，要杀灭当时在晋国很有威望的晋国大夫赵朔全族。韩厥知道后，连忙告知赵朔赶紧逃跑。赵朔说：“你若能保住赵氏的香火持续不断，我死也无憾。”韩厥答应了赵朔。

果然，屠岸贾杀了赵氏满门，赵氏有个叫公孙杵臼的家臣，联合赵朔的朋友程婴用计艰难地保留下赵氏孤儿，将其抚养成人，此事韩厥是清楚的。15年以后，晋景公生病，占卜说是“大业因断了后代的香火而作祟”。韩厥乘机告知景公赵氏还有后人在世。于是景公和韩厥商量，谋立赵氏孤儿赵武，并协助赵武袭击屠岸贾，灭其全族。司马迁对其的评价是：“韩厥之感晋景公，绍赵孤之子武，以成程婴、公孙杵臼之义，此天下之阴德也。韩氏之功，于晋未睹其大者也。然与赵、魏终为诸侯十余世，宜乎哉！”司马迁将韩氏之崛起归于韩厥救赵氏孤儿的功德。晋国的朝堂之上，没有比韩厥功劳更大的了，救了赵孤，诚信于赵朔；灭了奸臣，为晋国除害，

晋国古都博物馆

也为韩氏扫清前进的障碍。可谓有情有义，利人利己。

当然，“赵氏孤儿”是史实还是传说，还有待考证，但韩氏和赵氏确实是晋国朝堂上的重臣，彼此配合，全力辅佐晋国国政。这种友好持续了二百多年，以至 190 年后韩、赵、魏三家分晋正式成为诸侯国后很长一段时间，两家关系还是很好的。

若韩氏的子孙都沿着韩厥的德行行事，韩国可能还会国运绵长，至少不会如历史所载，虽为战国七雄之一，却始终不是最强大的国家。要说韩国最大的战绩就是吞灭了春秋小霸之一的郑国，迁都郑城，更名新郑。但郑国这时本就国力衰微，韩国消灭郑国难度并不是很大。早在郑襄公八年（前597）郑国就已经举国投降于楚，楚庄王放了郑国一马，使得郑国又卑微苟且地存活了 200 年。

韩国的历史也如燕国一样，自韩厥以后 250 年左右，没有发生什么重大的历史事件，直到韩厥的第 13 代玄孙韩昭侯时期，韩国才发生了巨大的变化。韩昭侯韩武算是一个有想法和作为的诸侯王。当时秦国秦孝公利用商鞅变法，魏国魏文侯利用李悝变法，这两个国家的变法都取得了很大的成效，其他国家纷纷效仿，韩昭侯也不甘落后，任用了申不害变法。申不害，亦称申子，郑国人。韩灭郑以后，韩昭侯任申不害为韩国丞相。申不害的变法与众不同，商鞅重法，慎到重势，申不害力主重术。他在韩为相 15 年，推行“法”治、“术”治，加强了君主专制，也稳定了政局，限制贵族特权，让韩国逐渐强盛了起来。

穷则思变这个没错，但如何变很重要。申不害虽很有思想，也很有手段，让韩昭侯以及韩国上下都听从他的主张，全力推行变法。申不害的变法也为韩国在短时间内取得了一些成效，使韩国跻身战国七雄的行列。但是这次变法给韩国造成的影响实在太大了，使韩国在短暂的强盛后，进入到一个万劫不复的深渊，直到韩国最后灭亡前夕都还在沿用这个“法”，可想而知这种变法对韩国影响有多大，植根有多深！最后韩国悄无声息地亡于这种制度，居然韩国全民没有一个将这种痛归结于变法，这真是一件令人匪夷所思的事情。

申不害的法不同于商鞅的法，也不同于李悝的法，更不同于同一时期的吴起、乐毅等人的法，因为申不害用的是术。《申子》曰：“申不害教昭侯以驭臣下之术”。《史记·韩世家》载：“申不害相韩，修术行道，国内以治，诸侯不来侵伐。”以上这两处都说到了申不害变法，他强调用道或术。这种做法不是强国的办法，短时间可能有效，长时间是有害的。这个问题后面还会有详细的讨论。

第三个人物也是出在战国晚期秦灭韩之前，这个人物叫郑国，曾任韩国管理水利事务的水工。若不是秦始皇嬴政大度，这个人物可能永远也不会被人提起。不是韩国成就了他，而是秦国成就了他。他是历史上一个非常有名的水利专家，他是韩国派到秦国的奸细，为了“疲秦”，为秦国修了著名的郑国渠。工程进行过程中，秦国察觉到了韩国的阴谋，却继续让郑国完成工程，使得秦国在战国晚期多了一个关中粮仓。如今郑国渠历经两千二百多年还在关中大地上流淌，一直灌溉着八百里秦川的沃土。这个倒霉的韩国水工原本是差点在秦国送命，却侥幸地成为历

流淌千年的郑国渠

史名人，流芳千古。

第四个人物就是韩非，此人有才，是个怪才，在韩国灭亡前夕被嬴政所看好，他的思想在韩国没有用武之地，却被嬴政所欣赏，嬴政一统天下以及驭人术，许多都来自韩非所著《韩非子》。其实韩非也是申不害变法的受害者，更是政治的牺牲品。

以上这四个人物贯穿着整个韩国的历史，韩国在历史上真没干过什么值得称颂的大事，除了频繁的战争和朝三暮四的盟约以外就是一本乱账，直到韩王安失国，韩国都没真正强大过。

郑韩也筑长城

韩国和赵国、魏国一样，好像就是为战争而生的国家，从正式成为诸侯国开始就战争不断，但韩国夹在中原腹地，周边全是强国，很难做到像其他国家一样在国境边修筑长城来防御外敌。韩国若修筑长城，几乎是要打一个巨大的院子，将全部国土包围起来才能行。这是不太可能实现的，先不说韩国的国力达不到，一个国家不是一个家，这么大的工程非一朝一

韩国故城遗址

夕能完成。战国时期战争频仍，国界不明，随时有可能失地或者扩地，院子似的长城根本就修不起来，即使修起来，维护、维修、防御都是一件很复杂的事情，即使是现在，也很难达到。我们没见哪个国家给自己打个大院子围起来的。所以不是韩国修不起长城，而是没有那个地理条件可供修长城。以至于现在更多专家学者一致认为，韩国没有修过长城。

确实，历史没有记载，也没有出土文物可以佐证。可能历史上的韩国就真没有修筑过长城吧！

春秋时期的韩国是周初分封的姬姓古国，周武王于公元前 1046 年灭商后分封各诸侯国数十个之众，《荀子·儒效》载："周公兼制天下，立七十一国，姬姓独居五十三人。"《左传》记载，昭公二十八年谓西周分封"兄弟之国者，十有五人，姬姓之国者四十人"。韩和晋同宗同祖，周初，除了管蔡之乱以外，各诸侯国之间还是比较和睦的。韩氏是否有过分封不得而知，但西周刚建国不到 15 年就有诸侯国为了战争而修筑长城，防御晋国，有些没头没脑，好像推理不过去。所以韩长城应该指的是战国七雄之一的韩国。

郑韩长城夯土层

其一，我们能看到的历史是韩氏先祖事晋，到韩武子时是晋国分封韩氏于韩原，韩氏以封地为姓。韩武子是韩厥的上三代祖先，韩厥生活在公元前564年左右。那韩武子应该生活在公元前650年左右，这里说韩国于公元前1031年修筑长城，是不存在的。其二，韩氏先祖与周同姓，但韩原并不是周天子给韩氏分封的，而是由晋国所封，韩国没有理由在边界修筑长城防御晋国，因为包括韩武子在内以及后世十代都在为晋国做事，是晋国朝堂上的重臣，他们有什么必要修筑长城防止晋国从东北方面侵扰？其三，韩国正式称侯是在韩、赵、魏瓜分晋国成为诸侯王，被周天子正式认可后才开始的，此时已经到了公元前408年，所以公元前1031年韩侯修筑长城是不成立的。

今天陕西韩城境内确实有过几段长城。但韩长城在韩城境内是否真有，如果有又是在什么时候修筑的，这个还有待考证。陕西韩城境内有魏长城这是毋庸置疑的。公元前385年，晋（即魏）复强，夺秦河西之地。魏国在其西部边境，自华山脚下的朝元洞向北，沿着洛河筑长城到陕北富县的雕阴城。《史记·秦本纪》载：“魏与秦接界。魏筑长城，自郑滨洛，以北有上郡。”

陕西韩城境内到底有没有韩长城，战国时期韩国到底有没有修筑过长城，这都是一个未知数。今天的河南被称之为古长城之乡，战国七雄就有四国在河南留下有长城遗迹，分别是赵南长城、魏南长城、楚长城和郑韩长城。

《水经·济水注》记载：“梁惠成王（魏惠王）十二年（前358）龙贾率师筑长城于西边，自亥谷以南，郑所城矣。”这段记载跟韩长城没有丝毫关系，甚至跟郑都没有丝毫关系。这段记载只能说明魏国在亥谷以南，郑国的边界修筑过长城。《竹书纪年》记载这段长城是在梁惠成王十五年（前 355）所筑。《竹书纪年》和《水经·济水注》记载修筑这段长城的时间是很接近的，修筑长城的朝代和人物也都没问题。更进一步证明这一段长城乃魏国所筑，跟韩国没关系。魏惠王（即梁惠成王）在位时期军事上屡遭挫败，魏惠王十九年（前 351），诸侯联军围魏襄陵（今河南省睢县）。魏国修筑长城，在固阳（今河南省兰考县）设防。然《太平寰宇记》载："郑筑长城自亥谷以南"。这和以上两段记载也没有出入。以上这 3 处的记载证明，魏惠王十五年左右，龙贾率师筑长城于西边，这段魏国所筑长城连接亥谷以南的郑国长城。魏修这段长城的时候郑国已经被韩国灭了 24

郑韩长城遗址

年之久，那郑国应该在公元前 375 年以前就有长城了。

《史记·苏秦传》注集解徐广载：“荥阳、卷县有长城，经阳武到密。”这段长城写的正是郑韩长城，其遗址自荥阳古长城即荥阳崔庙镇王宗庙起，向南经馒头山、香山顶进入新密市尖山乡楼院村到米村乡茶庵。这段长城长约 4000 米，宽约 3 米，高度 1 至 3 米不等。这段长城几乎全由石垒砌成，山上四处散落的都是石块，石块不是新石，一眼看上去就知道年代久远。234 国道近神仙洞景区周围的山上遍布长城遗迹，不连贯，断断续续，但是保存特别完好。根据多年在山间寻找春秋战国长城的经验，我判断，这段长城不像是在公元前三四百年修建的，应该是后人在此基础上修复过。有可能是为了旅游吧！也有可能是明清时修复过。

与韩长城有关的文献资料很少，且出入很大，所以实地考察是必修课。这段长城的考察跟其他地方一样，难度很大。开车从郑州沿 234 国道向新密方向前行，沿途经常会和长城不期而遇。234 国道有一段就是破长城开路，所以无须登山，在路边就能看到长城的残垣。这段长城多为石砌土筑。石头是垒砌的，没用泥巴或三合土合缝，一层层摞起来，很结实。石头瘢痕累累，似有刀砍、箭射的痕迹。在长城脚下，经常能发现风化了的骨头，有牛羊鸡狗的，也有人骨，年代久远，具体时间不可考。我捡到过一枚箭头，经专家辨认，属战国到秦汉时期的物件。长城本就是为战争而修，长城周围发生战争是很自然的现象，也就无须惊怪。

对这段长城的考察让我疑惑重重。新密市西北伏羲山区境内对这段长城的介绍是：魏长城，位于新密市西北伏羲山区。《后汉书·郡国志》卷

碑文显示此处为魏长城，实际应为韩长城

县条下注：“卷，有长城，经阳武到密。”《水经注·济水注》记载：“按《竹书纪年》梁惠成王十二年（前 358）龙贾率师筑长城于西边。”《淮南子·说林训》谈到修筑魏长城的原因时指出：“秦通崤塞而魏筑长城也。”注曰：“魏徙都十大梁关，闻秦通治崤关，知欲来东兼之，故筑城设守备也。”公元前 358 年，魏国为防御西邻秦国越过崤关来侵，修筑了这条长约 100 公里的长城。

魏长城由近黄河北岸的原阳县经郑州东部圃田，折向西南行，沿荥阳、新密交界的山岭蜿蜒穿行，在新密跨越香炉山、蜡烛山、花狐堆、沙岗、五岭 5 个山头。目前保存的魏长城北起荥密交界处的香炉山，南到茶庵村北，长约 5.8 公里。现存城墙高 2.5 米，最低 0.82 米，墙基宽 2.2~2.6 米。墙体为青石砌成，保存基本完整。秦统一后，这条长城被废弃。2006 年 5 月 25 日，国务院公布第六批重点文物单位时，魏长城遗址作为长城（河南段）合并项目，归入第五批全国重点文物保护单位。

以上是对这段长城最为详细的介绍，但只介绍了公元前 358 年魏惠王修筑的长城，却始终没有提到郑国或者韩国的长城，以及现在所说的郑韩长城。我认为，这一段应该是两条长城的交汇处，由于历史记载不详，长城又不似古墓，有墓志铭或者带有铭文的文物出土，两国长城修筑的时间前后相差不会超过百年，所以两千三百多年后的今天，我们很难将这两段长城完全地区分开来。

为了找到能将这两条长城区分开的蛛丝马迹，我独自一人在山间穿行几天，晚上下山于停在 234 国道边的车里过夜。这次考察的长城离路边不远，只是山高、无路，需要体力，加上长城所在之处人迹罕至，周围除了过路车辆，偶尔有遇到放羊娃，也问不出个所以然。在山间穿行了几天，其实也没看出什么名堂，于是求教于郑州市文物局相关专家，专家说这段长城应该是后来重新修筑过的。所以现在更是难以辨别这段长城是郑国修筑还是韩国修筑，或是魏国修筑，有魏长城的一部分是毫无疑问的了。

所以在荥阳到新密这一段的长城就有了各种各样的介绍，至今还很有争议。

我认为，位于荥阳与新密市交界处的这段长城有一部分是郑韩长城，或者全部都是郑韩长城。魏国修筑长城明确记载的是战国时期魏惠王十九年（前 351），魏修筑长城，“在固阳设防”。有专家学者认为，这里的固阳应该是现在的兰考县固阳镇，这段长城是指魏国东南长城，也就是今天河南境内的长城，大概是从河南郑州到开封市兰考县的这一段长城。魏国此时若在国都东面四百公里处修筑长城，就不是为了防御秦国，而是防御齐鲁了，所以说“固阳”跟魏长城有关，但不是跟所有叫“固阳”的地方有关。魏惠王十九年记载的“固阳”应该是在今陕西宜君境内，不是“固阳”县，也不是“固阳”镇，而是“固阳塞”。这个固阳塞在魏北长城上，而在河南的这一段属于魏南长城，因此这个“魏修筑长城，在固阳设防”跟魏南长城没关系。

郑国或韩国确实有过长城，其修建年代不详，哪国修建也不详，根据现在的考古，结合文献推断，郑韩长城应为郑国所筑，以防秦、魏，韩灭郑后一直沿用，故称郑韩长城。今郑韩长城起自荥阳市崔庙镇王宗庙，到巩义市新中止，全长 28 公里。这段长城据《荥阳县志考》说在明代的时候又加以修建利用，所以山上长城状态保存得很好，长城的走向很清晰，大老远在路边就能看见。那里地势很高，林木掩映，葱葱茏茏，有着几分庄严，还有几分神秘。崔庙镇王宗庙处山顶真有一座庙，看上去相当有年头，庙是用石头垒成，和长城融为一体，若不是有香客和僧人出入，我们差点将这个寺庙忽略，认为此处就是长城的敌楼或者碉楼之类的建筑。

此处长城不连贯，站在寺庙顶端，能看清长城的舒展，就是林木杂草丛生，长城两边和长城上皆如此，我试图走出一段，没能成行。绕过山梁，想进一步向前一探究竟，还是不能成行，因为长城是沿山脊而修，绕过山梁根本无路可走。要想探究这一段长城唯一的办法就是从长城墙体上翻越过去。由于害怕破坏长城以及附近的植被，只能放弃。这段长城很干净，像是昨天刚刚垒出来的，若不是站在山顶能看到向前舒张的长城，完全有可能把它当成是寺院里修筑的防护院墙。

我认真考察过方圆百里的山梁，山洼处也有人家，但人们都认为那不是长城，是防护墙，更进一步证实这段长城在明清时期作为防护墙被修缮过，这从一个侧面说明，长城在任何时候都是有作用的，都是在为人民的生命、财产默默地做着贡献。任何东西有价值才会有生命力，长城的价值是不可估量的。

几千年来，时间在进展，历史在后移，斗转星移每天都发生着无数的事情，唯有地形地貌还保留着当初的模样。站在郑韩长城遗址上给人无限的感慨。弱小的郑国一直在天子脚下过着不能舒展的日子，卑微得甘愿做一棵小草（墙头草）以求生活，今天依附这个国家，明天依附那个国家，仅仅为了能活得长久一些，根本没有出头的机会。郑国历史上比比都是微弱的故事。有一件事情非常滑稽，在郑襄公七年（前 598），郑国与晋国在鄢陵订立盟约，在此之前郑国和楚国订立过盟约，此刻郑国为了求生存，又不得不背叛楚国，亲近晋国。于是，郑襄公八年（前 597），楚庄王因为郑国与晋国结盟，前来攻伐，围困郑都 3 个月，郑国举城投降楚国。郑襄公袒胸露背牵着羊去投降，说得很可怜，郑襄公说：“我不能管理好边境都邑，使得君王胸怀愤怒来到鄙国，这是我的罪过啊！对您我岂敢不唯命是从。君主倘若将郑国迁徙到长江之南，乃至将郑赏赐给诸侯，我都唯命是听。倘若君王不忘周厉王、周宣王和郑桓公、郑武公在天之灵，哀怜不忍断绝其国脉，赐给一块不毛之地，让我再能够重新侍奉君王，是

郑韩故城遗址

我的心愿，然而不是我所敢奢望的啊！斗胆披露衷情，唯命是听。”话已经说到这种份上了，楚庄王能怎么样呢？楚庄王动了恻隐之心，决定放过郑国，命士兵后退30里。当时楚国群臣都说：“我们从郢都到达此地，士大夫早已疲劳了。如今取得郑国又放弃，为什么？”楚庄王说：“所以举行讨伐，是讨伐其不归顺。如今郑国已经归顺，还有什么可求的呢？”

这时候晋国知道楚国伐郑，于是出兵佯装救援，将士们的行动都很缓慢，等到达时，楚国已经撤军越过黄河。晋军将领可能是出于不好交差，或是自大以为楚军知道晋国救援，吓得跑了。于是，晋军将领有的主张撤退，有的主张渡过黄河追击，最后还是渡过黄河了。楚庄王知道后，连忙回兵攻击晋军。可怜的郑国不敢得罪楚国，居然反过来帮助楚国攻打原本是来救郑国的晋国军队。这一次晋国大败。没多久，晋国又出兵攻打郑国，原因是郑国背弃晋国而亲附楚国。

就这样一个一直在夹缝中求生存的郑国，也修筑过长城，只为了让国祚绵长一些，让国家能安稳一些。结果可怜的郑国给他人做了件嫁衣裳。好在是韩国将郑国的长城和都城都延续下来了，人们既知道了郑韩的来历，也知道了郑韩的古迹。这也算是托郑桓公、郑武公之德了吧！可惜英雄好汉开荒山，创业艰苦守业难。郑国真的是尽力了，但那个时代已经不是春秋论理的时代，灭亡只是早晚的问题。

可惜的是郑国的都城和长城都落入到韩氏手里，却也没能如同田氏取代姜氏一样将齐国发展壮大，而是韩国也如同郑国一样越来越弱，夹缝中生存了一百多年就消失了，这是不是一种宿命呢！

韩国已远去

韩国是第一个被秦国灭掉的诸侯国，我认为这是一种必然。也许当时任何一个诸侯国要统一中国，韩都是第一个被灭的国家。

从地理位置上来看，赵、燕在北，秦在西，齐在东，楚在南。这些国家各自占据一方，不会腹背受敌。只要他们不主动出击，只在家门口御敌，还是有着大量的时间来发展经济和军力的。

在这些国家里，除了赵国的地理条件相对差一些以外（多为山原，耕地少而多旱），其他国家都有着广袤的土地利于农耕，为军需民用提供强有力的保障。韩国被这些国家包围，可以吸纳他们的优势为己所用，无论在军事、文化、政治以及文明发展上都应该有着前瞻性，所以一度和其他几个国家都成为战国末期的强国。

但任何事情都是有利有弊，韩国吃喝是不愁，但没有明君的指引，发展就是一句空话，若不能发挥居中的优势与周边国家搞好外交，就只有挨打受气的分，如同郑国。

韩国的一举一动都在四面各国的眼里，这些国家是绝对不会允许韩国强大起来的。韩国也压根不可能强大到如同秦国能有一统的野心，韩国只要做到不受外界的欺凌就足够了，是无法限制周围列国发展的。

最大的弊病还在于无论哪一个国家有野心，想向外拓展，韩国是必经之地，首当其冲会受到影响。所以秦国要向东发展，韩国就成了秦国的绊脚石，韩国被灭是一种必然。

韩国在韩昭侯（前 362 年左右）时期也是发奋图强过的，那就是申不害变法。难以想象，中原腹地的一个大的诸侯国给我们留下的不是先进的思想和文明，而是尔虞我诈，官场钩心斗角，上下互相窥视，相互玩弄权术。从国君到臣民人人善用阴谋，不是以治国发展为前瞻，而是依靠种种手段核查官吏，看谁能扳倒谁，这样的国家能真正的强大吗？

韩国的历史真是让人感觉很痛心，真是一步错，步步错。

然而这个国家的生命力还是蛮顽强的，申不害变法又历经了一百余年，韩国才被秦国灭掉，这也是历史的一个奇迹。

为什么这样一个国家能存留这么久呢？为什么其他强大的国家没有将韩国收入囊中，而要等待跟韩国一起变法，一起成长的秦国又历经六代人的发展最后将其收入囊中呢？

我认为，这还是因为其他五国既没有前瞻性，又认为韩国如同郑国，不值得一打吧！谁收服这样一个国家都是轻而易举的，但是谁收服这样一个国家可能都是引火烧身吧！因为韩国如同长城一样，它横亘在中原腹地就是各国的一道长城，不说保护，至少能起到缓冲的作用。在韩国吞并郑国后的一百余年里，这些国与国之间始终在频繁地发生战争，也没少攻打韩国。可他们更多的是获得一点蝇头小利就收手，没有真正想有更大的动作。

于是韩国在战国中晚期上演着一个个荒诞滑稽的闹剧还自以为是，沾沾自喜。申不害的变法是让韩国强大起来，却为韩国留下了隐患。

《史记·秦始皇本纪》说是秦王政十七年灭韩，抓获韩王安。韩国的灭亡应该是在秦王政二十一年，韩王安死韩国才算真正灭亡。因为在秦王政二十年韩国旧部在韩国的都城新郑还发生了叛乱，应该是昌平君去平的叛乱。据“睡虎地秦简”记载，韩王安是第二年才死的。

其实在灭韩的问题上嬴政还是仁慈了一些，倒不是这个愚蠢的韩王安让郑国疲秦秦就真的疲软了，而是韩非入秦后劝秦王政先攻打赵国的意见被嬴政部分采纳，韩王安又及时献地称臣求和，为韩国赢得了暂时存国的时间。

如果此时的韩国有危机意识，韩王安完全可以联合周边国家再次合纵或者连横抗秦。或是如同当初的郑国，依附一个大国，申明厉害，在边界修筑长城和各类军防，在秦攻韩的要塞设重兵把守，也许韩国还是有救的，至少不会如后期那般狼狈。

然而，韩国在郑国冒着杀头的危险继续疲秦的情况下，在韩非艰难地斡旋于秦国之时，导致最后韩非殒命他乡的前提下，韩王安什么也没做，而是坐等着秦军磨刀霍霍向猪羊般任人宰割。

纵使韩国占领了郑国，也夺得了郑国的长城为己所用，也改变不了韩国被灭亡的命运。可悲乎？可叹乎？

韩国贵族张良在秦灭韩之后散尽家资，找到一位大力士，为他打制一个重达 120 斤的大锤，在秦始皇东巡途中袭击秦始皇的车辇，结果秦始皇因此前多次遇刺而早有防备，大力士袭击的并不是秦始皇所乘车辇，而是副车，张良的行动失败。

历史对对错错已然随风而去，长城默默无语依旧守护着故国山河，山河因人而兴，长城因人而存，也许陕西留坝张良庙中的那副对联为韩国君臣立下了最后的誓言："全当今生无有我，安知来世不如人。"可能张良也会一声叹息："日已落西君何往，天既明矣我不留。"

当我们再回头看郑韩长城，它却多了几分淡定。

WEI

之四 探秘魏长城

《史记·苏秦传》里记载：『大王之地……西有长城之界。』这是苏秦对魏襄王说的一句话，当时的『魏长城』对魏国来说，既是军事屏障，又是与秦国的国界线，由此可见长城对于一个国家的作用之大！如果魏国当初不下定决心修筑长城，魏国能延续多久，是否能壮大，都是未知数。

魏长城雄姿依旧

我是研究秦直道的，距今已有23年，在研究秦直道的过程中，自然也要研究跟秦直道有关的一切，如郑国渠、灵渠、阿房宫、秦皇岛、秦始皇陵、秦淮河、沙丘平台，以及春秋战国时期的各国古城、古遗址、古墓，尤其是古长城。至今为止，春秋、战国到秦汉时期的古长城遗址我几乎访遍了，但长城和秦直道一样，是线性的，会延续几百公里甚至上千公里，由于秦统一六国以后毁掉了原有的东方六国边界的长城，也由于时间跨度太大，现在能保存下来的长城遗迹都是断断续续地存在于荒郊野岭之中，所以研究和考察的难度很大。

这其中，魏长城和郑韩长城的考察是很难的，难在不好区分。秦长城尤其是秦始皇后来修的万里长城大部分路段历年来被不断维修利用，痕迹很明显，尽管有的地段遭受风吹、日晒、雨淋以及人为毁坏，但是有迹可循，从古至今记载的也特别多。楚长城争议很大，保存下来的地方被开发为旅游景点，并且许多路段是可以卫星导航定位的，当地政府也很重视宣传和保护，总能找到向导，所以相对来说被保留下来的楚长城遗址都很好找。齐长城遗址大部分都还存在，齐地风大，山上的树木不旺盛，长城多为石筑，山腰上一条条银色的“巨蟒”非常明显，而且雄伟依旧，大老远就能看见，没有向导自己都能找过去。燕长城现存遗迹很集中，多在北京延庆山里和内蒙古赤峰山顶。寻找延庆山里的燕长城有个好处，就是山里人特别多，随时可以问路，每一段长城，哪怕是残长城，都会有很多游客，不会迷路，不怕遇到危险。而且道路通畅，车都可以开到山脚下，上山有路，还有指示牌，相对还是简单多了。内蒙古赤峰段也还比较明显，沿着一条路，顺着上山，总能和长城不期而遇。考察魏长城难度比较大，因为魏长城不是一个简单的线，它是由两条线路组成的，一个是西北线长城，也就是从陕西华山西面的朝元洞起，过华阴、大荔、合阳、宜君、黄陵、富县、甘泉、志丹等地，《史记·秦本纪》中记载："魏西界与秦相接，南自华州郑县，西北过渭水，滨洛水东岸，向北有上郡鄜州之地，皆筑长城以界秦境。"这一段介绍得很清楚，鄜州是现在的延安富县古称。上郡为古代郡名，据传最早为战国时期魏文侯所置（前 446—前 396）。秦惠王十年（前 328），魏献上郡 15 县于秦，为秦初 36 郡之一，郡治在肤施县（今陕西省绥德县）。西汉、东汉时沿置，曹魏时与其他郡县并为新兴郡。隋朝时鄜城郡改名为"上郡"。《史记》是汉代人所著，按地理位置分析，这个上郡应该在陕西绥德县附近，所以西北段魏长城是很长的，现在更多的人只说魏长城从陕西华阴到陕西合阳，这一段长城绕宜君、黄陵、富县，也只有 150 公里左右，是不正确的。其实战国时期的魏长城至少有 700 公里。当然，也有许多专家学者认为这里面很长一段不是魏长城，而是秦"堑洛"长城。《史记·秦本纪》载，厉共公"十六年，堑河旁（堑阿房），以兵二万伐大荔，取其王城"。《史记·秦本纪》又载，简公六年，"堑洛，城重泉"。许多专家认为，这两处提到的"堑洛"就是修长城，索性将此命名为秦堑洛长城。

其实我不这样认为，堑应该是指开山挖土的意思，堑是往下挖，跟修建没关系，而“洛”指的是洛河，只能说在秦厉共公和秦简公时期为了伐大荔和重泉城在这里开山取路，疏通过河道，并不能证明就是修筑过长城。正如秦直道堑山堙谷，总不能把直道否定掉，而是说秦修筑的是直道长城吧！

关于魏国修筑长城有明确记载的是魏惠王十九年（前352），《史记·魏世家第十四》载：“筑长城，塞固阳。”现在对固阳这个地名有争议，一说是内蒙古包头西固阳县，一说是今河南省兰考县固阳镇。如果是内蒙古的固阳，那么魏长城应该自华山脚下延伸几千里到包头，这显然是不可能的。因为包头在战国时期属于北方游牧民族治所，到公元前212年秦始皇将秦直道修到了这里，才在包头设九原郡，在这之前包头跟上

位于华阴市的魏长城遗址

郡扯不上关系。

所以，其一，公元前 351 年魏国刚立国几十年，连年战争，年年战败，没那个实力在很短的时间内将长城修到塞外。后来也有看到魏国的版图到今陕西北部地区，直到榆林境内，但在魏惠王时期魏国还没拓展那么远。如果将长城修到内蒙古固阳，那就不是防范秦国，而是防御北狄了。其二，魏国的版图始终没拓展到包头以北，所以魏长城修到塞外这个可能性可以排除。

如果固阳在现在的兰考县固阳镇，那最早修筑的魏长城应该是东南长城，也就是今天河南境内的长城。魏国确实修筑有东南长城，至今也还有长城遗址。但魏惠王时期修筑的应该也不是这一段的长城。当时秦国虽说在逐渐强大，但版图还没延伸到中原地区，如果魏国是在郑州附近修筑长城抵御秦国，那只能证明秦国已经将韩国和魏国都兼并了。当时的魏国都城还没在开封，而在今天山西运城。魏国此时若在国都东面四百公里处修筑长城，就不是为了防御秦国，而是防御齐鲁了。

我认为，魏国的上郡在今富县以及洛川洛河岸边，如果是这样就对上了，因为现在陕西宜君县境内有一个地方叫固阳塞。古时的固阳应该就在运城的西边，宜君固阳塞周围，魏国最早修筑的长城就是西北线长城。这一线的长城全长约 150 公里，虽已经毁坏得厉害，还是有迹可循。2015 年国家文物局副局长宋新潮先生还对宜君、富县等地的魏长城做过调研，并建议保护性修复魏长城，即在长城遗址两边种树，从而形成一条绿色的“长城”，这是对长城遗址以及长城文化保护和利用的有效手段之一，让人们知道魏长城在哪，继续领略魏之长城当年的雄姿，继续品鉴魏长城周

魏长城遗址

围的文化，身临其境感受战国时期国与国之间复杂而又相互融通的奥妙，以及现在魏长城周围人们所延续下来的生活习性和当初秦、魏后人合二为一的大道之心。

魏之长城另一条是东南线长城，这一段长城自河南原武县到新密市，全长约75公里，从郑州穿城而过。历经两千多年，加上后来城市建设的影响，这段长城已经没有多少痕迹，保存得最好的一段在河南省郑州市东陇海铁路和107省道交界处西南角青龙山处，这段留存至今的石质长城，北起荥密交界处的香炉山，南到新密的茶庵村北，长约5.8公里。这一段保存得不错，还被列为国家重点文物保护单位。但是关于这段长城也有很大的争议，它跟史料记载的郑韩长城有着很大的冲突，因为国与国之间战争的复杂性，这段长城到底是"姓魏""姓郑"还是"姓韩"至今也没有定论。

魏国简史

写一个国家的军事工程，自然要写这个国家的历史和整体情况。魏国在历史上是起步很晚，却发展很快的国家。韩、赵、魏三家分晋，是春秋之终，战国之始的分水岭。

按照史书所载，魏国的先祖也是贵族，出自周文王第十五个儿子毕公高。据《史记·魏世家》记载："武王之伐纣，而高封于毕，于是为毕姓。"《集解》引杜预曰："毕在长安西北。"《正义》引《括地志》："毕原在雍州万年县西南二十八里。"即今陕西咸阳市北毕原，西至兴平市东部，东抵秦咸阳城遗址，北抵泾阳县泾水南岸，南抵渭水。毕原地势平坦，土壤肥沃，是关中平原最富庶的地区之一。毕公高之所以能得封于此地，自是备受文王、武王重视的人物，可能毕公高在周初立国期间是立过大功的。但毕公高的后人好像都混得不怎么样，《史记·魏世家》记载："魏之先，毕公高之后也。""其后绝封，为庶人，或在中国，或在夷狄。其苗裔曰毕万，事晋献公。"按说晋国的先祖辈分比魏之先祖还低，因为晋之先祖是周武王的儿子，周成王的弟弟。而魏之先祖——毕公高，是周文王的儿子，周武王的弟弟。可不知道是什么原因，出生同门贵族，最后毕氏绝其封，而晋始终壮大。毕公高的儿子毕万因在晋国有功，晋献公于是将魏地赐封于毕万，毕万死后，其子孙以封地为氏，称魏氏。因为魏地已经离开了毕原，离开了毕公高当初的封地，所以这个叫魏国的国家已经跟毕公高没关系，而是毕公高的后代毕万自己争取的。

史书并没有记载毕公高家里到底出了什么事，怎么绝封的，根据分析，应该跟武庚反周，蔡叔、管叔叛乱有关系。总之，此后的几百年中，这位周初显赫一时的贵族的后人，无论是“在中国”还是“在夷狄”，都不见于史载。直到晋献公时期，才有一个叫毕万的小将军出现在晋国的历史里，为魏国的崛起打下了基础。

晋献公十六年（前 661），赵夙驾车坐在左边，毕万手持长戈立在车的右边，两人护卫献公出征霍、耿、魏。灭了这三个小国家后，献公把耿地封给赵夙，把魏地封给毕万。毕万受封十一年后，晋献公去世，献公的四个儿子争夺王位，毕万的儿子魏武子跟随重耳流亡在外十九年，重耳即位，是为晋文公。晋文公任命魏武子承袭魏后，封他为列大夫。魏家正式走入历史政治舞台。这也是个励志的典范，他们没有依赖祖先的庇佑，完全是靠自食其力拥有荣华的，按说这样的国家是必将绵长的，后人应该是遵循祖训谨小慎微的。

自魏武子以后，又经历了魏悼子、魏绛（魏召子）、魏嬴、魏献子四代，魏氏已经发展成晋国六大家族之一。这六大家族结成利益共同体，几乎垄断了整个晋国的政治和经济，他们不断瓜分、吞并、蚕食着周围小的诸侯国，使得晋国如同周王朝一般，国力越来越衰弱，地盘也越来越小。又经魏简子和魏侈两代继续吞并，将六大家族中的另两大家族（中行氏和范氏）蚕食掉了，晋国就剩下四大家族了。再经历魏恒子和韩赵家族私底下的运筹，又将晋国最大的知氏家族消灭掉了。晋国的国政几乎都落在韩、赵、魏这三大家族手里，晋国国君不过是个摆设而已。到魏恒子的孙子（承袭魏恒子爵位的是其孙子）魏斯时期，韩、赵、魏感觉他们已经很是强大了，没必要再继续装下去，于是干脆灭了晋国，瓜分了晋国的土地，各自为政，韩、赵、魏成了三个诸侯国。此时周天子自顾不暇，眼睁睁看着这有悖周礼的乱象发生，不能制止，反而承认了这三家诸侯国的地位。

魏国开国的历史就是一部励志书，发展很顺利，也很平稳，几乎没有秘密，也没有悬念。从魏文侯立国到魏王假亡国，魏国又经历了八代君王，不长，但是也不短，这八代君主执政一百七十八年，平均每人执政都在二十二年以上。这期间还出现了三个执政特别久的君主，一个是魏文侯，在位三十八年，一个是魏惠王，在位五十一年，还有一个是魏安釐王，在位三十五年。按说魏国具备了大发展的条件，国君在位时间越久，王位交替越少，国家越安定，越便于发展。然而，魏国有过短暂的发展，也见到了成效，只是没能一鼓作气继续下去，这跟魏国国君的骄傲自大有着不可分割的关系。

据不完全统计，春秋二百四十二年间，发生过大小战争四百八十多次，也就是说每年最少会有两次战争。在这些战争中，有一百二十多个国家被强国吞噬。每一个有能力的诸侯国都在拼命地吞并着周围的小国家或者小部落，使得自己更加壮大，地盘和人口一起激增，这就是国之实力的象征。如后起之秀楚国在这期间就灭了六七十个小国，在春秋时期迅速强大了起来，成为春秋五霸之一，国力也一度达到鼎盛。

经过春秋漫长的战火，周初分封的诸侯国越来越少，从最初的大几百上千个，一下减少到一百多个。到了战国初期，能数上名字的诸侯国不过二十多个，尽管还有一些小的诸侯国存在，那也是苟延残喘，一推即倒，不值一提。韩、赵、魏就是在这个时候又将大国晋国瓜分的。《战国策》曰："万乘之国七，千乘之国五，敌侔争权，盖为战国。"时局如此，适者生存。于是小国为求自保，便纷纷依附大国，为其鞍前马后，为其纳贡。就这样也没能留下，优胜劣汰，是自然之法则，也是国与国的生存法则，就连中国之主的周王朝也形同虚设，最后索性只剩下齐、秦、赵、魏、韩、燕、楚七个大国了。

这七大国都是过五关斩六将血拼出来的，如果能休养生息，互不侵犯，倒也是相当不错的。然而靠战争发家的七个大国也不团结，战争依然时常发生，战争从来都是统治者的战争。越大越想大，大欺小，强欺弱，于是混战开始了，"战国"一词，就是这样来的。仔细看一下历史就知道，此时的战争已经非常的频繁，战国二百五十五年，有记载的战争不低于二百三十次，每场战争少则数万人，多则几十万、上百万人激战。如历史上最惨烈、规模最大的战争之一——长平之战，这场战争秦国投入约六十万兵力，赵军也投入了约六十万人，前期双方焦灼三年，伤亡都有一二十万人之多，《史记》中说秦军活埋赵军降卒四十万之多。跟匈奴一样骁勇善战的赵国军士，能在赵武灵王威震四方，雄起三十年后被秦国灭掉，跟这场长平大战有着直接的关系。再比如秦楚之战，在公元前 279 年的鄢郢之战中，楚国损失数十万军民，别都鄢城和国都郢城失陷，位于夷陵的楚国先王陵墓被烧毁，楚国竟陵（今湖北省潜江西北）以北、以西的广大地区尽归秦国。前 226 年，秦王派李信和蒙武率二十万秦军攻楚，楚将项燕率军抵抗，秦军把兵力集中于颍川郡后，先后攻下平兴、寝城。但其后秦军转变进军方向，孤军深入，项燕反击，大败秦军，李信败逃。这是秦统一战争中一次重大的挫折。前 225 年，秦王命老将王翦率六十万大军再次伐楚，两军在陈相遇，王翦采取屯兵练武、坚壁不战、以逸待劳的战略。前 224 年，楚军多次挑衅，秦军亦不与交战，项燕只好带兵东归，秦军趁楚国撤退之时迅速出击，并在蕲大败楚军，又强渡淮水，直抵楚都寿春城下……战国时期，每一场战役都是生死之战，国力不强，国君心理素质不强，分分钟都有灭国之风险。

各国一边发展生产技术，一边随时备战几乎成了常态，像战国晚期齐国几十年冷眼旁观看西边六国的战争，默默打量他国芸芸众生生灵涂炭的情况是万年一遇的个例，齐国也因此付出了巨大的代价。

位于山西芮城的魏都遗址

因此长城成了每一个国家的必需品，正如后来流行的变法一样，既是一种时尚，也是符合时势的潮流，用现在话说是每一家最基本的标配。在当时的环境下，你不去打别人，别人也会打你，精通防御和进攻才能活下去，因此尚武精神兴起，也是每个国家的必需品，每个人的生存之道。女人耕种、织布，男人十五岁就傅籍（登记参军），依照法律服兵役。所以当时几乎家家有烈士，户户有军人，战争的成败跟每一个家庭、每一个人都息息相关。战争频仍，矛盾就会增强，仇恨就会增多，因此有许多不理智的事件发生，比如类似望烟杀人事件历来历朝历代都有，无须政府组织，人们心中的仇恨已经根植于心。于是爱国观念油然而生，有了国，才有家，有了家，才有了你和我。民众自觉，统治者很欣慰，但是百姓是统治者的根基，是统治者的衣食父母，因此保护好百姓的生命财产安全也是统治者的责任。战争是不可避免的，只能想办法尽量减少伤亡，于是练习兵法，改革兵器，加强防御，这是必修课。

有的国家在春秋时期或者战国早期就已经修筑有长城，但随着国土面积的扩张和需要防御的敌人有所指向，所修的长城也不一样。如魏国既在华山以西到魏国的上郡（今富县、甘泉一带）南、北折向东修筑有长城，这是为了防御秦国和匈奴的侵扰，又在魏国的东部，今天原武县到新密市修有一条先南北而后又东西向的长城，这座长城是为了防御楚国。

兵器也是战争的必需品。春秋时期流行青铜剑，当时有很多名剑，如干将剑、莫邪剑、鱼肠剑，以及我们现在所知道也能看到的藏于湖北省博物馆的越王勾践剑等。名剑虽多，但不是人人都能拥有的，能被记下并配有名剑标签的毕竟还是少数。当时兵士虽然平均每人配有兵器7件，但几乎都是青铜器，青铜器有硬度，没韧度，容易折断。战国时期，有的国家已经开始流行铁兵器，如秦国的秦岭里有铁矿，大量采铁以制兵器，这也是秦国之所以所向披靡的一个很重要的原因。所以兵器的改进至关重要，跟长城一样，是牵系着整个国家命运生死攸关的事情。

战国魏长城遗址

战国时期铁兵器逐渐被发掘运用，青铜兵器也在应用，因为当时冶铁技术以及打造铁兵器的技术都不太成熟，士兵能拥有一件铁兵器是非常难得的。兵器的改进是国家实力的体现，但战争的惨烈程度也随之提高。国家提倡修筑长城，虽苦，但民众还是积极响应的，打仗是为了不再打仗，长城是用来防御的，不是用来攻击的，能减少战争和伤亡，是国之所愿，民之所愿。

但长城不是铜墙铁壁、刀枪不入的，各国都有长城，却还是战争不断，大多数战争就在长城周围发生。长城是人筑的，筑长城也是为了护人。守长城的也是人，发动战争的依然是人。

各国拥有长城后也不能刀枪入库、马放南山，而是又在绞尽脑汁发展特殊兵种和装备，如秦国的连弩、七米长矛，楚国的四米长戈和三角戟，赵国的弓箭、短剑等，此外，赵国推行“胡服骑射”、魏国培训重甲步兵等等，总之八仙过海各显神通，有招有想法的都施展出来，争先恐后地展开了国与国之间永无休止的竞技赛。

春秋时期各国之间的战争还有君子礼仪可言，能参加战争是一种荣誉，参战的是贵族，最低的也是一个“士”。“战士”这个词就是从此而来。平民和奴隶是没有资格参战的，最多只能参与战争的后勤保障、供给、运输等工作。

魏长城遗址

春秋最让人称道的不仅仅是这些，“国之大事，在祀与戎。”那时候打战就跟祭祀一样烦琐，而且遵循礼仪细节，不会无缘无故发生战争，更不会无缘无故灭国。各国都尊守由周制定的各种礼节，谁也不敢僭越。战争几乎都是正义之战（总会找个合理的理由才开战），君子之战。战争的目的也只是起到警告和教训的作用，一般不会灭国。若有合理的解释或者认错，也就可以放弃战争。如齐桓公伐蔡国，是因为蔡侯将齐桓公夫人私自改嫁了，蔡侯认错后，也就把他放回去了。紧接着齐桓公伐楚，他的理由是因为楚国没有给周天子进贡包茅，楚国认了错，答应补上，齐国带着“八国联军”撤退了。

春秋时期虽说战争频仍，但大战不多，单场战役死亡兵士一般不会过万人。战争也制定了许多规则，如两军交战，不斩来使。要想发动战争，必须要有理由，并会派使者通知对方，商量好哪一天多少人在哪儿开战，并且还要等对方列阵完毕准备好了才能交战。战争之中不能杀对方国君，还要脱帽敬礼，如楚共王十六年（前575），晋军讨伐郑国，楚国出兵营救，楚王亲自参与这场救援大战，晋楚在鄢陵（今河南省许昌市鄢陵县）交战，晋军主将郤至在战争中三次遇到楚王，都下车脱帽行礼，楚王很敬重他的操行，当即派大臣赐给郤至一张弓，郤至不敢接受，行了三拜之礼后离开楚王，继续投入战争。这是一种什么样的制度和情怀啊！然而这就是真实的，而且在中国历史上很长的一段时间都在沿用这种制度。

那时的战争还规定不加丧、不因凶、不欺弱、不复射、不春战等等。也就是说，一个国家有丧事是不能发动战争的；一个国家在闹瘟疫和灾荒的时候是不允许发生战争的；一个国家没准备好是不可以发生战争的；战争中如果有人已经受伤了，是不可以再射杀的。还有不杀降卒，不追逃兵，也就是对方已经在逃跑，相当于承认失败投降了，你最多只能追出五十步。说起五十步笑百步这个典故一般理解为半斤对八两，谁也别笑话谁。这句话的意思也可解释为是五十步和一百步是一样的，只要跑出五十步就可以舒一口气了，已经没有性命之虞了。类似人性化的规定很多很多，各诸侯国纷纷响应，营造出一个祥和的大环境，严格的礼仪制度是周王朝最大的特点之一，也是保证周王朝能延续约八百年的重要原因之一。

春秋时期还有一个非常有趣的故事。楚庄王十七年（前 597），楚国和晋国在邲地（今河南省荥阳东北）展开了又一次主力决战。楚庄王率师围郑（今河南省新郑），攻下郑都。当时晋军溃不成军，一辆晋军战车在败逃过程中陷进泥坑里，马也不听使唤，紧随其后追击的楚军追上晋军没有击杀敌人，而是帮助晋军修好车轭，让晋军在前面跑出几步后，又继续追赶。没追多久，晋军战车又坏了，楚军再次帮助修理战车，然后再追，到了五十步后楚军就不追了。

这样的战争是雅士的战争，是温情的战争，是君子之间的战争。这种以礼仪来规范、指导战争行为的规章制度，是礼仪之邦的时代烙印，也因此而被国人自豪了几千年。其实，人心都是向善的，每个人心里都有一个君子梦和对君子的衡量标准，这样大义的战争还是被人所崇尚的。

尽管如此，有远见、有实力、也有野心的国家还是有先见之明，纷纷且悄悄修筑防御工程，如楚国就率先修筑长城，各国看到楚之长城的功效后，也纷纷效仿。

到春秋中期，随着生产力的发展和社会大变革，对权力的欲望渐渐取代了道德的束缚，掠夺和扩张充斥着统治者的脑袋，战利品就是财富，敌人的头颅就是加官晋爵的台阶，在这样的环境下，战争自然能激起人们的欲望，有了欲望的战争就残忍了许多。于是平民化战争兴起，君子之战逐渐消失。

你死我活的战争与仇恨成了常态，战国时期的战争激烈与残忍了许多，常常涉及国家的生死存亡，除了对士兵的杀戮，屠城也时常出现，因为敌国的百姓就是对方最大的生产力，可以为战争提供所需物资。各种诡诈，狡黠，蛮不讲理，乘人之危都粉墨登场，如长平之战后秦国没有灭了赵国，燕国乘虚而入想不劳而获摘取秦国的果实，结果燕国太弱，赵国“瘦死的骆驼比马大”，迅速组织起新招募的青少年新军，一直追到燕国的老巢，燕割让七十二座城池给赵国，此事才罢休。赵国就此从岌岌可危中恢复了活力，又有了资本跟其他国家较量。

从春秋到战国四百余年的历史，是两个极端化的时期，君子也罢，小人也罢，活着才是硬道理。要想活得好，就必须强大。

这个时候战国七雄除了韩国能弱一些以外，其他国家都有一统天下的可能。所谓成也萧何，败也萧何，各国为了求生存，求发展，争先恐后地变法图强，增强国力。就是这变法，有的国家越变越强，有的国家越变越弱，如秦国、魏国就是靠变法强大起来的国家，而韩国、燕国变法越变越弱，最后将国家拖入深渊。还有像楚国一样虽说也变法，其实只是赶了一次时髦而已，压根没拿变法当一回事，因为楚国自认为足够强大，无须靠变法图强，事实证明楚国的强大真的与变法无关。

战国七雄用尽了所有的手段来扩大自己的地盘和力量，时而合纵，时而连横，时而联姻，时而又互相攻击，“仁义礼智信”丧失殆尽，盟约如同一张白纸，友情和亲情轻如鸿毛，阴谋阳谋随人所好，偶尔也会相互援助，那也是为了自己的利益，怕一家独大，城门失火殃及池鱼。无须理由，随意发动战争，掠夺他国的土地和资源。战争成了每个国家最大的消耗，

魏长城起点——朝元洞

全国人民都在战争的苦难中挣扎，谁也不知道战争何时能结束，都将希望寄托于长城，它毕竟是国界上最可靠的围墙，只有守住长城，才能守住国家，才能让人民免受战争之苦，才能国富民强、长治久安。

我与长城不得不说的故事

位于陕西境内的西北魏长城多为夯土结构，魏长城所在的地方是关中旱腰带，虽沿着山脊走，但地质松软，林木茂盛。魏国当年修筑长城主要是为了防御秦国，所以战国晚期秦国消灭魏国以后，自然将魏国西边国界上的长城都推毁了，能保留下来的极少，而且不能连贯，要靠人力将一个点一个点连接起来确定长城的路线，加上两千多年的自然风化，使魏长城可见遗址较少，考察难度很大，常常会遇到无路可走的情况。因此我在考察西北线魏长城起点时，差点葬身长城脚下，现在回想起来都是很惊惧的。

按说西北线魏长城起点在陕西华山以西，有坐标，好找。但华山以西是一个大的地理概念，很难做到精确，如果按照这个坐标去寻找魏长城起点，估计三五天，甚至更长时间也是完成不了的。

魏长城遗址

洪崖村头魏长城遗址

2014年夏，我在华山脚下的一个小村庄找到一个巨大的烽火台，在魏长城遗址上，孤零零的，很威武，离我脚踩的最低处约有十来米高，而这个烽火台下是一片沼泽。于是我绕过沼泽盘桓而上，发现这个烽火台在一户农民家的院子里，院门一把锁，一只大狼狗守门，家里没人。虽说没能进去，但感慨还蛮多的，看看眼前的院子，再看看稍远一些的魏长城遗址，是多么的相似。长城的功效是保卫国家不受外敌侵犯。其实国家大，家庭小，国家在边界修长城保卫国，家庭在家的边界修院墙保卫家，没有区别。

离开农家小院，翻过麦田，我继续向烽火台的方向前行，又找到了魏长城遗址。一处在洪崖村头，这段长城约有400米长，毁坏得很厉害，墙体不明显，长城痕迹也不明显，若不是城墙底下立有一块碑，谁走到跟前都不会认出这就是长城。碑文上写着魏长城遗址和国家重点文物保护单位等字，可这块碑上的油漆已经斑驳，字迹也漫漶不清了，证明很久没人光顾，也没人保护这一段长城。若不是此处人少，遭到人为毁坏的可能性小，这一段长城分分钟都可能会消失。当然，如果得不到重视，不能很快保护起来，几场大暴雨就能将它毁于一旦，看着很心痛、很可惜。

沿着这个痕迹一路找去，断断续续又考察了北洞、南洞和朝元洞。这几处长城保存得也不是很好，只是长城遗址很明显，夯土层很清晰，长城上都长有树木，这势必会对长城的城体造成破坏，有的地段因为长城上的树木茂盛，树根扎根很深，很粗壮，都延续到长城城体外面了。这不是好现象，长城城体不牢固，原本就是夯土结构的长城遗址，此刻土质会更松软，我甚至怀疑一阵大风都能将长城上的土吹下来，看着很揪心。尽管是国家重点文物保护单位，但损坏严重，这与其尊贵的身份和历史价值不符。

魏长城遗址上清晰的夯土层

接下来我考察了王家河、何家湾等处残留的长城遗址，保存现状不甚理想也不连贯，在荒野中一段一段的，最大的收获是感叹古人选址的良苦用心。其他长城多在崇山峻岭之巅，沿着山脊修筑长城，而魏长城没有这样的地理条件，能紧沿着魏国边界，靠取土夯制如此烦琐浩大的工程，可想而知当年的魏国是下了多大的决心，动用了多少人力、财力，才修筑起这样一个长城啊！土质长城多修筑于平地，相对沿山脊而修的石质长城难度就大得多，但防御功能和优势明显不如石质长城，因为它的地理位置决定了它的功能，所以魏长城虽说劳民伤财、大费周章地修筑起来，它所发挥的作用比起其他长城还是弱了很多。因此魏国很早就弃长城而去，原本是要用长城抵御西边来犯的秦军的，结果没多久，秦人就将魏长城纳入到了秦国的地理版图，使得魏国在长城旁编故事的时间都没有。长城悄悄地来，又默默地被遗弃，直到今天，关于修筑魏长城的故事和传说都很少很少。魏长城虽说没有楚长城般的高调、齐长城般的威武、燕长城般的险峻、赵长城般的英烈、秦长城般的隆重，但它也是历史的见证者，曾经是魏国的西大门，又是秦魏两国的分界线，两千多年以来，它目睹了多少旌旗猎猎、腥风血雨？又目睹了多少你来我往、互通有无？任何一个建筑的诞生都是有它的使命的，魏长城默默无语，承受着新建时的英姿飒爽，也承受着被遗弃的凄楚哀婉；承受着生离死别的残酷，也承受着爱与被爱的抉择；承受着繁华，也承受着手捧黄花抛弃荒野的孤独。魏长城，你在守候什么呢？将军的马嘶已经走远，故国的狼烟已经消散，昨日的歌声已经唤不回你心中的英雄，风吹过的每一个地方都将是你的家乡。守候吧！我与你一起聆听心中的那份最纯洁的爱的交响。

魏长城残迹在华阴市境内有 8 处，分布断断续续加起来有 5000 余米。华山朝元洞西有城墩遗址。北洞、城南、河湾、西关等附近都有长城残垣。有的散落几十米在麦田里，有的能保存较好一些，也就几百米，其中城南村东一段最长，残高 7 米，底层最宽处 9.2 米，现保留的残垣长度有 365 米，并留有堡寨和烽火台遗迹。从残垣现状看，这段长城墙体是用黏土夯筑，

城上和四周长满了植被，有的树木有五六米高，证明此处长城也是用自然土夯筑，没用熟土或三合土。战国时期的长城，用

华山脚下魏长城附近的京师仓遗址

自然土夯筑，又在自然条件下能保存到现在，确实不易。墙体还是很坚实的，夯土层很清晰，但也有墙土整片往下掉的痕迹，顺着城体的缝隙，顺手就能拿下一些夯土。周围都是庄稼地，并没有预留长城保护区域，这样下去可能也会对长城墙体有所损坏，若不能得到有效的保护，估计不久的将来，就会逐渐消失。

华阴太华办中心小学校园里有一处烽火台遗址，在学校操场旁边，学校将它围了起来。这个烽火台也是魏长城遗址的一部分。此处烽火台跟魏长城其他段的烽火台一样，为夯土筑成，保存还算可以，比起其他的魏长城遗址上的烽火台算是保存得较好的。

历史印记

秦统一六国后，将原东方六国边界上的长城摧毁了，魏长城刚好阻挡着秦国的东大门，所以没有悬念，在秦统一以后，它已经失去了原有的作用，也就被人为破坏了。好在长城精神依旧，所以它又以自己的方式躲过了这次大的劫难，以自己的方式记载着历史，承袭着永不消亡的大国精神，因此，我们才能见到这个在孤风苦雨中独自挣扎千年的历史奇迹。它的存在成为回顾历史，研究古代政治、军事、经济、文化的可靠实物资料，这是魏国给世人留下的一笔财富吧！

春秋和战国的分水岭是韩赵魏三家分晋，因此，魏国不会有春秋长城。魏国可能是战国时期相对较晚修长城的国家，因为魏国处在中原的中心，战国时期魏在河西与秦为界，秦对魏一直有吞并之意，因此魏才筑城防秦。《史记·秦本纪》记载秦孝公元年（前 361），“楚、魏与秦接界。魏筑长城，自郑滨洛以北，有上郡”。此时正是魏惠王十年，可以推断魏国从这个时候才开始修筑长城。魏惠王十二年（前 358），“龙贾率师筑长城于西边”。魏惠王十九年（前 351），“筑长城，塞固阳”。以上这 3 段史料准确地记载着魏国西北长城修筑的时间，前后至少修了 9 年之久。

此时魏国还在起步阶段，距离三家分晋仅仅过去 44 年，在这 44 年里，魏国四面受敌，战争不断。魏武侯十三年（前 383），魏败赵于北蔺。魏惠王元年（前 369），韩赵联军攻打魏国，双方在浊泽交战，魏军大败，魏惠王被围困。原本魏国这次就被灭了，或者划分为二的，只因韩国和赵国对到手的魏国如何瓜分意见不统一，最后两军撤走，放了魏国一马，第二年，魏国在马陵打败韩军，在于怀打败赵军。魏惠王三年（前 367），魏国又被齐国打败。五年（前 365），又被秦国打败。九年（前 361），与秦交战于少梁，秦虏魏将公孙痤，攻占旁城。十四年（前 356），魏袭取宋黄池，战败。十七年（前 353），魏与秦交战于元里，秦攻占魏少梁。十八年（前 352），魏占领赵邯郸，赵求救于齐，齐军协助赵军打败魏军。十九年（前 351），诸侯联军围魏襄陵（今河南省睢县）……

魏修筑长城是一种必然。魏惠王有勇有谋，所以敢主动出击，可还是在军事上屡遭挫败，人才和军事防御体系是最基本的国之力量。魏国一边广纳贤才，一边修长城，果然慢慢壮大起来，魏国越挫越勇，最后跻身于战国七雄之列也是一种必然。

其实魏国行动算快，魏惠王修长城时离魏国正式成为诸侯国才过去 44 年。此时正是秦孝公刚刚继位，准备一展宏图的时候。魏国在华山以西修筑长城，是为了防范秦国。早在秦献公时期，秦都由宝鸡雍城迁至栎阳，到秦孝公十二年（前 350）才迁都至咸阳，商鞅立柱为信的故事就是在栎阳城发生的。栎阳城在今天的陕西西安阎良区境内，也就是说秦国已经将国都修到魏国的边界了，随时可以攻打魏国。事实也是如此，自魏国正式成为诸侯国后，魏国跟秦国之间的战争是最多的。魏国始终没能像秦国或者齐国、楚国、晋国那般的强大，所以魏国想长治久安就必须要修筑长城。

当时有能力的国家都修筑有长城，只有秦国没有修筑长城，当时抗击匈奴的重任由赵国担起，燕国偶尔也会与匈奴较量。所以赵、燕都在边界修有长城。秦国西边无虞，他的敌人都在东方，东边黄河边就是魏长城，秦国此时一心变法图强，没参与修筑长城。秦最早修长城是在 100 年以后秦昭襄王时，当时赵国已经很弱，秦已经得到魏的上郡之地和赵国的部分土地，匈奴也侵犯秦国边界，秦国才修筑长城防御匈奴。秦修筑万里长城也是对抗匈奴的。魏国修长城还是比较晚的。魏国早期的都城在今天山西芮城县城关镇北面 2.5 公里处。芮城距当时秦国的国都阎良只有 160 公里，也就是说当年的秦国都城和魏国都城相隔只有 300 多里，魏国确有修长城的紧迫性和必要性。

若干年后《史记·苏秦传》里记载："大王之地……西有长城之界。"这是苏秦对魏襄王说的一句话，当时的魏长城对魏国来说，既是军事屏障，

魏长城遗址

又是与秦国的国界线，由此可见长城对于一个国家的作用有多大！如果魏国当初不下定决心修筑长城，魏国能延续多久，是否能壮大都是未知数。

据说 40 年前在华阴县（今陕西省渭南市华阴市），曾竖立过一块“秦魏分界线”的石碑，后来被毁。魏长城依南北而筑，南边以石质、土石砂砾和黏土为建筑材料，现在保存下来能看到的几乎都是土城墙。北部长城这几年的考古跟进渐多。

陕西省铜川市宜君县对魏长城的保护启动较早，对魏长城的保护和开发热情都很高。宜君县内遗存战国魏长城遗址共有 9594.5 米，其中残存 2993.5 米，由 6 段城墙、9 处烽火台、1 处城址组成。2014 年、2015 年，县上举办了两届“宜君战国魏长城保护研讨会”，许多著名专家学者云集宜君，研讨学术，建言献策，在宜君一度掀起了长城研究与保护的热潮。后来在包茂高速宜君段设有战国魏长城指示牌和下高速指示口。宜君处魏长城遗址开发了一小段作为旅游景点，古色古香，介绍很全面，也有地图和路线图，沿着一级一级的台阶上去，也有着爬长城的体验和感受，上到山顶，长城一目了然，无须谁介绍，看看长城所在的地形地貌，感受长城的大包容、大融合，你都不由自主地肃然起敬，这就是长城的魅力所在。无须开口说话，它给你传递的那种力量足以震撼你的思维，撬动你的神经，你不得不感叹古人无穷的智慧和无限的能量。

沿着 210 国道向北走出不到 2.5 公里就能和长城相遇，路的南边五号墩台遗址特别明显，大老远就能看见。墩台是长城的眼睛和耳朵，是长城的岗哨和卫兵，是长城上非常重要的一个功能区域。其实墩台就是烽火台，地势高，建筑也要高出地面很多，少则 5 米左右，多则十几米，有敌情时，则白天施烟，夜间点火，50 米或 100 米一个墩台，相互传递消息，这是当时最行之有效的通信手段之一。宜君的五号墩台南北边长 5.5 米，东西长 11.8 米，高约 10 米，由夯土层构成，土层厚度约 0.1 米，比较坚硬，夯层清晰。现在的遗址像一个巨大的坟丘，因此上面有许多的盗洞，看来不止一次有盗墓贼把它当成古墓了。实则这样的墩台在宜君还有几处，也都是散落在田间地头的。

可惜的是，这里除了路边屹立的这个墩台，看不出任何长城的痕迹，210 国道破长城而过，修路时可能对长城造成了一些破坏，但是 210 国道南北都是平地和麦田，长城无踪影，这倒真是不应该的。

同样在宜君，同样在麦田里，在二十里铺段，魏长城遗址特别明显，夯土结构完整，一段一段的，高度、厚度保存都很完整，一条蜿蜒的小道将长城分开，在路的南边，长城很完整地保留有 1 公里多。长城上和长城两边都长满灌木，长城在麦田中很安详，当你靠近时，它像一个慈祥的老者正捋着胡须给你讲着“从前有座山，山下有座庙，庙旁边有一个伟大的长城，这个长城周围发生了许多故事，故事里就有从前那座山和那个长城……”

沿二十里铺向北，长城保存状况相当差，几乎和麦田融为一体了。但有一个墩台在麦田里很显眼。这个墩台明显比五号墩台大得多，保存也完整得多，东西南北各有一个门，像钟楼的建筑，高度约 6 米，四四方方的。这些门不一定是当年墩台的门，倒像是后来人挖的窑洞，不是为了住人，而是为了放柴草或者圈养牲口用的。二十里铺的长城还用铁栅栏围起来保护，这一处烽火台直接暴露在外，被用来存放草料，有点可惜了。沿途这样的墩台还有好几个，希望未来能得到更好的保护，使这段承载着中国历史重要烙印的遗迹还能为后人所见。

陕西境内的长城比较多，有近2000公里之多。长城是线性文物，而且线路相当复杂，保护起来难度太大，破坏长城现象层出不穷，宜君已经在行动。

陕西境内长城比较复杂，秦、赵、魏、韩、楚至汉代直到明代的长城遗址都有。近几年，陕西对长城保护越来越重视，2016年冬季，陕西历史博物馆还特地举办了“薪火相传——陕西古长城、秦直道遗址保护特展”，展示了大量陕西对古长城的考察成果。

2014年8月，国家文物局和长城研究会对陕西境内的长城保护作出充分的肯定，国家文物局和中国长城学会已经认定，陕西省宜君县新查明的古老长城遗存属战国时期魏国修建的军事防御工程。

宜君这段魏长城遗址是在2009年全国第三次文物普查时被发现。陕西魏长城资源调查队对此段长城遗址进行了专题调查，理清了这一段长城的走向，也为确定历史上非常有争议的固阳找到了依据。因为据《史记·魏世家》记载：“惠王十九年，筑长城，塞固阳。”学术界一直对固阳有着很多的争议，宜君的这次考古解开了固阳之谜，魏时的固阳关、固阳塞就在宜君境内。这一新的发现为魏长城始建于战国时期的史料记载提供了新的佐证。魏长城是秦魏双方不断征战的产物，也是秦国逐渐蚕食魏国的见证。魏襄王七年（前312），魏被迫割让上郡的全部土地于秦，此时正是秦惠文王十年。秦惠文王时期是秦国的一个大的转折时期，惠文王在位27年，前13年为惠文公，后14年称王为惠文王。此时秦国已经经历了孝公长达 33 年的治理，通过商鞅变法，秦国已经正式称雄。魏国在军事上很难跟秦国匹敌，只有割地求和。正因为魏之上郡划给了秦国，秦国北面没了屏障，只得自己修防御工程抵御匈奴入侵。因此秦昭襄王时期（前 272）在上郡（今甘泉县、靖边县周围）修筑有长城。因此专家们认为魏长城是战国时期最复杂的长城之一，因为其中有一些跟秦昭襄王长城是相重的，二者很难区分。对魏长城进行全面研究，有助于了解秦、魏发展史和河西地区开发史等一系列问题，故有着较高的学术价值，更有助于了解河西地区自然环境的变迁情况，人类文明的发展和迁徙、战争与民族大融合等情况，为该地区的发展提供重要的参考依据，故有着重要的文化价值。

魏长城的保存状态大部分不是很好，许多长城遗址上长有树木，这对

魏国都城遗址

长城遗址有着毁灭性的打击，树越大，树根越深，对长城墙体破坏越严重，这也是目前长城保护面临的一个普遍问题。

魏长城在河南境内还有一段遗址保存相对较好。这段长城据《后汉书·郡国志》载："有长城，经阳武到密。"即今河南原阳县西境，东行至原阳县东南，折而西南过黄河，止于郑州市东南，后来也是被秦军所毁。现在郑州东还有一段完整的长城遗迹。这段长城被专家学者命名为魏南长城，2006 年，被列为全国重点文物保护单位。这一段长城为石质，所以保存很好，气势依旧，与伏羲山连为一体，又在城区旁边，因此保护得很完整。据说此段长城比北长城早 144 年，但是至今没找到相关佐证。当然，河南境内的魏长城遗址和郑韩长城遗址有着重叠之处，有许多地段至今还有争议，这个我在写郑韩长城的时候详细讲解过。

没有永久的胜利

魏原属晋国，靠和韩国、赵国一起瓜分晋国而立国。原本他们三家是一个坚固的同盟体，有过光辉灿烂的历史，但是任何一个国家的历史都是随着国家的发展和需要而改变，战国时期尤其显著。战国时期天下已经被重新洗牌，又重新组合了，周初以血缘关系分封的诸侯国几乎消失殆尽，国与国之间至多是和亲关系，这种关系不如血缘关系般牢靠。比如流传至今的秦晋之好，其实一点都不好。从前秦伯把他的女儿嫁给晋国的公子，晋国公子为她准备好华丽的首饰和服装，跟着陪嫁去的婢女有 70 人，也都穿着华丽衣服去到晋国，晋国人喜欢陪嫁的婢女，而看不起秦伯的女儿。秦伯嫁女成了几千年的一个大的讽刺，笑话他善于嫁婢女，不善于嫁女儿。所以，这样的联姻自然也起不了作用。

再比如秦穆公当时想称霸，为了给自己留时间发展，一口气往晋国嫁了 5 个女儿，是晋文公重耳当仁不让的岳丈。秦穆公还对晋国三代君主有过帮助，即晋惠公、晋怀公、晋文公，重耳能当晋国的国君，秦穆公有很大功劳。他们的关系还不仅仅于此，秦穆公的夫人为晋惠公和晋文公的同父异母的姐姐。晋惠公是秦穆公的小舅子，即二者平辈关系。晋怀公是秦穆公的内侄，即晋怀公是秦穆公的晚辈。晋文公既是秦穆公的小舅子，也是秦穆公的女婿。按说这样的关系够牢固的吧！可恰恰在秦穆公时期跟晋国的战争是最多的，重耳也没领秦穆公的情。所以，只有永久的利益，没有永久的同盟体。

战国初期，魏国的经济和军事实力一度强盛。由于长期的内政、外交、军事等一系列的失策，使得这个曾经强盛的国家的辉煌如同昙花一现，很快就贫弱下来。以至于到最后国力还不如韩国。

战国晚期，早在秦惠文王到秦昭襄王时期，已经把魏国削弱得不值一提，所以到秦始皇时期，统一号角吹响以来，嬴政对各个诸侯国都有过声势浩大的谋划，唯独没把魏国放在眼里。

事实证明，此时的魏国和秦国，根本不是一个重量级。所以在秦国还没有将灭魏提上日程时，王贲突发奇想的一个举动就灭了魏国。

这是秦国除了收服齐国以外，最不费事的一个收获，也是历史上最不可思议的事情之一。

魏国的大梁城就在今天的河南开封市，此处地势很低，海拔 65~79 米，黄河在此处的海拔是 155 米左右，要比开封城高出很多，历史上曾经 7 次人为地扒开黄河，引水淹灌开封城。王贲是水淹大梁城的“先驱者”。

但是事情也有蹊跷，黄河距开封市有数公里之遥，开封地处中原中心，地域开阔，大梁城又一度是当时最富庶的地方，古城面积也不小，魏国早期古城遗址在今山西芮城境内，2500 年前的古城遗址至今保存得还算不错。这是我所发现的战国各国古城遗址面积最大的一座，现在能一眼看见的城址东西长 1.5 公里，南北宽 1.3 公里，很壮观。曾经名声大噪，人才辈出的魏大梁城应该比这个早期的魏都只会大，不会小。秦军能从数公里之外引黄河水淹灌在平原上的一座城池绝非一朝一夕的事情。魏国的统治者就眼睁睁等着大水一天天、一月月袭击过来被淹也闭门不出吗？老百姓眼睁睁等着被淹死也不知道早点出来投降吗？太不可思议了。

更不可思议的是，无论哪一个国家的军队都不可能全部被囤积在城内，有可能当时秦军将魏城围住，城里的军令无法传到城外。但驻扎在城外的军队就眼睁睁看着全军、全民被淹，国家灭亡而不营救吗？要知道当时水淹大梁的秦军并非秦军主力。王贲、李信是跟楚军打了败仗撤回途中去灭的魏国，他们攻楚用的是 20 万人，失败后最多不过十一二万人，魏国居然拿不出一二十万的军队跟战败后的秦军痛痛快快打一仗，就这般如此窝囊而凄惨地缴械投降了，还害得无辜的老百姓死伤无数，真是匪夷所思。

深究其原因，魏国就是那只温水中的青蛙，逐渐被煮死，却还以为死在温暖窝里，愚蠢、可笑至极。

早期的魏国也不是一无是处的。早在战国初期，魏国如同韩国一样，根据自己国家的地理优势，励精图治，迅速发展起来，成为实力最强的新兴大国，使天下诸侯对其刮目相看。

那时，魏国也抓住过时机，利用自己的优势迅速向周边国家发起进攻，公元前 419 年至公元前 408 年，魏攻秦河西之战，魏夺取了秦国整个河西地区，将秦国逼退到关中中西部和陇西等地，使秦国一蹶不振好多年。

当天下其他国家都在称侯、称王时期，秦国躲在西陲一隅过着勉强称公的日子。

当时的魏国是强大的，使得天下其他诸侯国感到不安。于是其他国家开始对魏国逐步采取行动，使得魏国继续扩张之势得以缓解，并开始萎缩。

魏国迅速崛起得益于魏文侯时的李悝变法，这是战国时期第一个靠变法改变命运的国家。李悝的变法政策和手段跟后来商鞅变法有相似之处，一是制定税法，公开颁行种种法令，让全民合法纳税，以法治代替人治、礼治、权治；二是围绕旧土地制度的变法，废除隶农制度，将土地加以整合后重新分配，鼓励农耕生产。

按说这种变法是一个国家强大的基础，明君看到了变法的必要和变法后所带来的好处，可惜的是这种惊雷一响的变法又如同昙花乍现，没能持续下去。

魏文侯以后，到魏武侯时期变法力度开始减弱，魏武侯不但不积极求进，反而将原本有成效的变法做成了表面文章，变法不得不在魏国终止。

终止了也还不可怕，可怕的是从魏文侯时开始，魏国国君就形成了自大的思想，认为我魏国是诸侯国里最有钱的国家，我们有的是强大的军队、富饶且广阔的国土，以及取之不尽用之不竭的财富。

从魏武侯开始，魏国的储君就不时地暴露出浓厚的贵族骄人的优越感。如魏武侯与大将吴起同乘战船沿大河南下，魏武侯看见两岸壮美的景象，高兴地说：“美哉乎山河之固，此魏国之宝也！”吴起正色说：“在德不在险。若君不修德，舟中之人尽为敌国也。”

吴起的话就不用再解释了，谁都能看明白。大战在即之时，一个国君不考虑国家即将面临的现实情况，也不考虑战士们的生死，而是在那里欣赏山河之壮美，将其视为魏国的瑰宝，这是多么令人寒心啊！

第二个故事说魏武侯遇到孔子的学孙田子方，田子方又是魏武侯父亲魏文侯的座上客、老师，于是魏武侯下车拜见。田子方知道魏武侯骄奢淫逸，瞧不起魏武侯，所以没有还礼。魏武侯讥讽地说：“富贵者骄人乎？贫贱者骄人乎？”意思是说别看你是我父亲的老师，你还是一个贫贱之人，你有什么资格对人骄傲。

这是多么肤浅的认识，这样的国家能留住人才吗？这样的国君他能得到贤臣良将的辅佐、百姓的拥戴吗？

自魏文侯以后到魏王假灭国，魏国又历经了 8 代君主，178 年之久。

魏国早期都城遗址

按说，国君更换得越少，国家就越稳定，因为这样就能使每一个国君都有着足够的时间来施展自己的抱负。魏国后期近 200 年只出现 8 个国君，国力应该是很稳定的，这在同一时期是非常罕见的现象，国家稳定性越强越便于发展。

魏文侯是魏国最有名的明君。利就利在魏文侯长寿，他一个人在位时间就长达半个世纪之久，为他的子孙留下了败国的资本。

自魏文侯以后可谓是一代不如一代。用孙皓晖先生的话说，他的子孙多为“能才庸君”，也就是说有才没用到正道上，而是用在骄奢淫逸和自以为是上了。这样的国君在位时间越久，对国家的危害越大。如齐国，齐景公在位 58 年，却没做一件有作为的事。早在齐景公三十二年时，齐景公坐在柏寝台上哀叹：“多么富丽堂皇啊！会被谁占有它呢？”齐景公明明白白知道危机四伏，就这个时候觉悟也还来得及。接下来的 26 年里，他还是啥也没做。魏国也一样，每一任魏君都是聪明人，只可惜了那一身才情被浪费。

魏国的国君大都长寿，尤其魏惠王，在位 51 年，他几乎是一对一地将魏文侯时期的一点家底败光了。魏惠王早期，韩赵两军进攻魏国，魏军被围困，只等天亮宣布魏国灭亡了。可第二天早上，魏惠王却不见围困他的韩赵军队。事后才知道原来是两国对于如何处置已经到手的魏国发生了分歧，意见不合，分赃不均，所以扬长而去。

按说这也算是血淋淋的教训了吧！可就这么一个事情，魏惠王不知道反省，反而大言不惭地说这是天意，不战而屈人之兵是战争的最高境界，韩赵两国退兵是自己的德才所致。

还有一则故事也是说魏惠王的。魏惠王与齐威王在逢泽狩猎时相遇，魏惠王趾高气扬地要与齐威王比试国宝，说他有大量的珍珠宝物，其中有12颗珍珠，一颗就能照亮12辆战车。齐威王冷冷一笑，不屑地说："我对珍宝的看法与您不同。我的大臣中有一个叫檀子的，派他去守南城，那样楚国就不敢向东来侵犯，泗水地区的12国诸侯全都来朝见。我的大臣中有一个叫肦子的，派他守高唐，那样赵国就不敢到东边的河中来捕鱼。我的官吏中有一个叫黔夫的，叫他守徐州，就使得燕国人到徐州北门来祭告，赵国人到西门来祭告，迁移来跟随他的人有七千多家。我的臣子中有一个叫种首的，派他防备盗贼，就道不拾遗。我要用这些人照耀千里远近，岂止是12辆车远近呢！"

魏惠王感觉很无趣，却也没有丝毫的悔意。

以上这只是很小的几件事，这个可怜、可笑、可憎、可爱的魏国国君做出了无数啼笑皆非的事情，却还自以为是，导致国家日益被削弱，纵使魏国将整个国家用长城围起来，也挽回不了魏国灭亡的命运。

说来也奇怪，这个不崇尚武力的魏惠王吃了不少败仗，他突然醒悟了，认为广纳人才，囤积人才，对国之发展大有益处。有一段时期，魏国尊贤纳士，热火朝天，天下人才纷纷涌入魏国，为魏国挣了不少掌声和曝光度，当时魏国成为积聚人才最多的国家。

他的认识和行动力都没问题，他的做法也很正确，如果他真有远见和能力，魏国还是能达到魏文侯时期的鼎盛的。但可惜的是这些招才纳士都只是表面文章，魏国并不真正任用有才有德之士来辅国安邦，或者说国君压根就没有驾驭这些贤才的能力。或是最初他做这个事情就不是真的为了招纳贤才为国谋发展，而只是为了吸引眼球找的噱头，或者只是为了好玩，后来或是害怕这些能人功高盖主，灭了自己的威风，所以眼睁睁看着这些被魏国挖掘并培养出来的人才流失他乡。

从魏国流失出去的人才里，最可惜的有以下几人。

吴起，他曾经是魏国的栋梁之材，却因曾正色训斥过魏武侯被其怀恨在心，加上公叔痤和田文妒忌吴起的才能在他们之上，因此在魏武侯面前挤兑吴起，最终使得对魏国有三功（一功：带领军队，使士卒乐于效死，敌国不敢窥测；二功：治理百官，亲附万民，充实仓库；三功：守卫西河，使秦国不敢向东窥测，赵国和韩国听从）的吴起投奔了楚国。

孙膑，齐国人，战国时期军事家，兵家代表人物之一，是被誉为“百世兵家之师”“东方兵学的鼻祖”，《孙子兵法》的作者孙武的后代。可想而知，孙膑家族的能力与实力有多强！孙膑曾与魏国大将庞涓为同窗，因在魏国受庞涓迫害致身体残疾。后投奔齐国，被齐威王任命为军师，辅佐齐国大将田忌两次击败庞涓，取得了桂陵之战和马陵之战的胜利，奠定了齐国的霸业。

张仪，魏国贵族后裔，大梁（今河南省开封市）人，战国时期著名的政治家、外交家和谋略家。作为中国纵横家鼻祖的张仪曾与苏秦一同师从于鬼谷子，学习权谋纵横之术。他饱读诗书，满腹韬略，连苏秦都自叹才能在张仪之下。张仪曾两次任秦相，前后共 11 年。亦曾两次为魏国国相，第一次 4 年，第二次仅 1 年有余即卒于任上。试想想，魏国如果重用张仪，张仪会去秦国吗？秦国若没有张仪，发展至少不会那么迅速。

乐毅，魏将乐羊的后裔，战国后期杰出的军事家。魏国对其不闻不问，放任出走。乐毅赴燕为上将军，受封昌国君。辅佐燕昭王振兴燕国，报了强齐伐燕之仇。公元前 284 年，他统帅燕国等 5 国联军攻打齐国，连下 70 余城，创造了中国古代战争史上以弱胜强的著名战例，也为燕国这个老贵族国家涂上了一层最闪耀的色彩，成为燕国历史上最美丽的一笔。

范雎，战国时魏国人，著名政治家、军事谋略家。他同商鞅、张仪、李斯先后任秦国丞相，在秦一统天下的过程中有不可磨灭的功绩。而范雎在魏期间高风亮节，却受到了非人的折磨。魏将魏齐将他拷打得肋折齿落，体无完肤，又用席裹弃于茅厕，让宾客往其身上撒尿。范雎装死，被抛于郊外。返家后即托好友郑安平将自己藏匿，化名张禄，逃入秦国，成为秦之丞相。范雎任秦相期间，对魏国实施了报复性的打击，使得魏国只有招架之功，没有还手之力。

秦后期的尉缭，魏国大梁人，著名的军事理论家，著有兵书《尉缭子》。尉缭在魏时魏王对其毫不在意，使得这个大才白白便宜了秦国。秦王政十年（前 237）尉缭入秦，秦始皇对其尤为尊重，“见尉缭亢礼，衣服食饮与缭同”，并任其为国尉。良禽择木而栖，贤臣择主而侍，夫君子不寄人以篱下，不枉食无功禄也。尉缭能遇到如此待他的明主，自然会倾才而佐，因此他主张“并兼广大，以一其制度”，意思是作为人君必须要掌握必胜的方法，才能兼并广大的土地，实行统一的制度。这样的主张跟嬴政不谋而合，嬴政采纳了他的意见为秦统一六国奠定了基础。

以上这几个人中，有一半被秦国接纳并重用。魏不该亡，秦不该强吗？

魏国但凡有点远见，这些大才哪怕只任用一半，也不至于落到王贲顺手水淹大梁就被灭国的地步。

无论是国家或者是个人，闭门造车不求进取，狂妄自大陶醉在自我感觉良好的温床里，最终的结局只有一个，那就是毁灭。魏国的灭亡就是咎由自取的结果。纵使魏国是万乘之国，国有万库金银，金银能筑满国长城，也无法改变数代无能庸君的败国食尘的结局。今天站在芮城魏早期国都之上，站在魏大梁城上，站在巍峨的魏长城之巅，怎一声叹息了得？

ZHAO

之五 探秘赵长城

赵国挡住了匈奴的步伐，跟长城有着很大的关系，于是赵国继续修筑长城，将长城向西北扩展，直到阴山脚下止步，『自代并阴山下，至高阙为塞』。鸟瞰这段长城的走向，不难看出其选址的良苦用心。无论胜败，它的威严是毋庸置疑的。

赵国简史

赵国是一个顽强而倔强的国家，尽管是后起之秀，但充满传奇和力量。赵国跟韩国、魏国同时立国，故事却比韩国、魏国精彩得多。

赵国也有着显赫的“家世”，是五帝之一颛顼帝的后代所建。赵国与秦国是同一个祖先，都是中衍的后代，史书记载，中衍的后代蜚廉有子二人，一名恶来，是商纣王的臣下，被周人所杀，恶来的后代为“嬴秦氏”。

赵王城遗址

另一名为季胜，是恶来的弟弟，季胜的后代，就是赵氏的祖先。季胜生孟增，孟增得到周成王的宠幸。孟增就是“宅皋狼”，孟增生衡父，衡父生造父。造父会训调良马，他把从桃林训调好的良马盗骊、骅骝、绿耳等献给了周穆王。周穆王要去西巡，造父亲自给周穆王驾车，并会见了西王母。正当周穆王乐而忘返的时候，徐偃王造反，周穆王坐着造父驾的车日驰千里回国去攻打徐偃王而获胜。于是周穆王将赵城赏赐给造父，造父的子孙便以封地为姓。但此时赵氏只有封城，没有封号，更不是诸侯国，赵氏的后代还是给周室驾车、训马。造父下传六代到奄父，周宣王征讨戎人时，奄父给周宣王驾车，并掩护周宣王突围，取得胜利。奄父生叔带，叔带时周幽王无道，于是叔带离开周去了晋国，臣事晋文侯。也就是从这个时候开始，赵氏才开始建立自己的基业，经过数代人几百年的努力，最后建功立业，成为战国七雄之一。

雁门关外长城遗迹

赵国的历史很精彩，我认为，比战国任何国家的历史都有趣。赵国的历史也很清晰，不像燕国一本糊涂账；也不像魏国，虽出身贵族，封地、失地再到建功立业也是一本糊涂账。赵国从他的祖先蜚廉，到最后的亡国之君几乎都是血性男儿，铁骨铮铮，跟历代秦王还真是一脉相承的兄弟啊！

秦国和赵国同宗同祖，性格也相同，善于驭马，好斗、善武、强悍、威武不屈、坚忍不拔。能忍受得了屈辱，也有着不服输的韧劲。当我看到赵简子（赵鞅）生病五天不省人事，请来扁鹊治病，扁鹊说："这是血液上的病，以前秦穆公也有过这种病，七天后醒来，醒来那天，告诉公孙支和子舆说'我到了天帝之所，天帝告诉了我许多事情……'"也不知是巧合还是杜撰，居然就连生病和做梦也相同。

仔细分析秦国和赵国的历史，以及两国人性格，还真是亲兄弟，一奶同胞啊！不同的是，秦国比赵国能规矩一些，纵观秦国历史，很少有乱政的现象，赵国却不同，所以秦国比赵国走得更稳、更长久一些。

赵国虽也是有着显赫的祖先，历代无孬种，但赵国真正拥有自己的国家，成为一方诸侯还是从瓜分了晋国开始。韩、赵、魏三家瓜分了晋国，赵国的国力最强，版图也是最大，国君也是最彪悍的。但赵国又比魏国、韩国艰难得多。赵国北面有戎狄，西面有强秦，东面有老贵族燕国、齐国，南面有新近崛起的魏国和韩国，以及楚国、吴越等大国。赵国人不善言辞和用心计，很少拉帮结派，每一场战役都是凭实力打出来的。

赵国人这一点跟秦人一模一样。尽管赵和秦是一脉相承的，但秦赵之间的战争打得相当惨烈的。当然，秦赵之间也有过和睦相处的时候，这两国联手战斗力相当强，但经不住有人挑唆。纵横家苏厉为齐国谋事，见秦和赵多次联手攻齐，于是挑唆赵惠文王，认为赵国跟秦国联手，是在帮助秦国，对赵国没有任何好处，并分析了一、二、三条。赵国就退兵了，背叛了秦国，于是秦国很生气，结下仇怨，追着赵国打，这种仇恨延续了一百多年。

赵国真是一部励志书，独留赵氏孤儿后居然还能崛起；在经历了赵鞅的生死沉浮后居然成就了赵国的地位；在经历了赵武灵王的改革和内斗以后，赵国还能迅速站起来；在经历了历史上惨烈的长平之战后没被秦国灭国，却差点被燕国灭了国的情况下，赵国还能立即反击，打败燕国，保存了赵国的根本；在秦国最后的统一战争中，赵国和秦国的战争是最艰难的，耗时也是最长的。赵国一面在跟强悍的周边游牧民族战斗，保卫中原的安宁，一面还在遭受中原各国的骚扰、侵略，赵国可谓四面是敌，可他们始终没有投降，也很少拉帮结派去对付他国，而是默默承受着一切。赵国的国君几乎都是戎马一生，连年征战，在狼烟四起的战国兼并战争中，能够稳住局势，基本保全赵国的基业，可见赵国国君绝非是简简单单的守成之君、文弱之辈。当齐、楚、秦对三晋进入战略反攻阶段时，魏国的百年霸业日渐衰落时，赵国却还能迎难而上，顶替魏国扛起了三晋的领导大旗。这种不屈的精神确实是武士精神、贵族精神、英雄精神。赵国虽败，但没有人会去讥笑赵国，在战国晚期赵国彰显出的这种英雄风范，确实是一种力量，沿袭至今，每每阅读赵国，都令人振奋，不得不说这是赵国的胜利。

赵长城之源

史书上能找到的关于赵长城的信息非常少。但是赵国和秦国一样，是修过长城的，只是修筑长城的时代比较晚。关于赵国修筑长城的准确时间，目前能见到的最早记载是战国时期的赵肃侯十七年（前 333）。《史记·赵世家》载：“十七年，围魏黄，不克。筑长城。”这时候赵国修筑的长城是赵南长城，此城在洹漳西部林滤山赵秦边界一带，当时修筑长城主要还是防御秦军的进攻。魏地处中原，文化上比赵国有优势，所以魏国真正红火的时候是魏国培养了很多人才，可惜魏国没好好利用，而是便宜他国了。至于在战争、蛮力方面，则始终是被周围国家欺负的对象，尤其是秦国、赵国从未停止过对魏国的攻击。

赵肃侯十七年（前 333），赵国围攻魏国时间很久，没能攻下，赵国在邯郸的西边和南边修筑长城，以防秦军侵袭。这个时间有过明确的记载，但是这段长城修筑的时间很有限，因此长城的长度也应该是很有限的。

结合史料记载和专家考证，赵南长城大体从今河北邯郸武安西南起，向东南延伸，至今河北磁县西南，然后折而东北行，由今河北成安县西南入今成安县境，沿漳河堤防，经今吴村、黄龙村、商城村到今横城村附近。在此又转而向东，一直延伸到今肥乡区南。看一下地图就知道，这一段长城很短，始终在邯郸一隅。关于修筑赵南长城的目的，一般认为是为了防御秦军的进攻。我认为这种解释也很牵强，因为这段长城是修在赵国都城邯郸西边和南边的，而紧围着赵国都城的是魏国。如果是防范秦国，赵南长城就不应该修筑在这里，而是应该在上郡、九原郡沿线，要修筑在赵国和秦国的边界上，而不是赵国和魏国的边界很少的一部分。而赵肃侯十七年修筑长城也是因为正在跟魏国打仗，久攻不下，才在家门口修筑长城，防秦的可能性不大，因为秦军进入赵国是不会走这条路的。秦国和赵国的战争经常会提到一个地名叫“屯留”，屯留在现在的山西省长治市境内，当时属于赵国的地界，赵国若防御秦国，不会将长城修筑在都城边上，如果秦军能攻入到都城边上，那赵国已经沦陷了，长城也就没有作用了。所以赵南长城是为防御魏国而建应该更为合理。尽管魏国始终没有强大到超越赵国，但魏国的谋士多，战国时期合纵连横比比皆是，几个国家联合起来攻打一个国家是家常便饭，所以赵国在都城的南边修筑长城以防万一也是无可厚非的。

史书上也有将这段长城叫“秦王堤”的，不知道何意。有专家考察发现，由于遭历代自然和人为破坏，这

赵南长城附近

段长城的遗址断断续续，为低矮、不规则的“石线”及“土线”，有的地方现存十多公里，有的存二三公里，最短的仅存三百余米，还有少数地方已不存。这段长城不像长城，更像是现在或者是近几百年内人为修筑的堤坝。这段遗迹的走向勉强符合当初赵南长城的走向，但到底是不是赵南长城的一部分还有待考证。史书上关于春秋战国长城的记载较为模糊，我们今天对古长城的考证一是确实有遗迹，二是结合史料和考古得来的结论。赵长城整体记载很含糊，赵南长城现存的状态也不是很好，如同在邢台的沙丘平台，很难看出来此处是“困龙之地”（赵武灵王和秦始皇皆在此离世）。这段遗迹是否真是赵南长城，我认为还要进一步考证，需要拿出更有说服力的证据才行。早些年在邯郸我见到过一个资料，说是秦始皇东巡途中，遇到漳河涨水，命令兵士修堤坝抗洪，秦始皇亲自指挥，所以此处叫“秦王堤”。这个说法可能更可信一些吧！

战国时有七大强国，即齐、楚、燕、韩、赵、魏、秦。赵国的东面与南面分别与七强中的齐国、魏国及非七强的卫国相邻，赵国的西面有秦国，北面有强悍的匈奴，赵国和秦国一样野心勃勃，一边艰难地应付着内忧外患，一边还想逐鹿中原。

要想称雄一方，在诸侯间占有一席之地，就必须要向南进取，战国是一个弱肉强食的时期，要想胜利，只有依靠战争。各国之间没有长久的友谊，今天的同盟兄弟，明天可能就是敌人。战争中有胜有败是常态，但赵国胜利不骄，失败不馁，几次面临灭国之危，最后又坚强地站了起来，这不得不说是一个奇迹。

对赵国来说，最危险的境地莫过于邯郸城的三次陷落了。长平之战虽说赵国到了垂危一刻，但还不到亡国之时。而邯郸陷落，直接关系着赵国的生死存亡。

赵国最早的都城在中牟（今河南省鹤壁市西），赵敬侯元年（前386）迁都邯郸。据《史记·赵世家》记载，赵成侯二十一年（前354），赵国再次出兵攻卫，逼迫卫国臣服于赵。近邻魏国看到赵国的野心，自不愿意赵国独自强大，因为赵国原本就是魏国的威胁，若赵国再膨胀，魏国就是下一个卫国。于是魏国有了危机感，连忙联合宋国救卫。此时赵国的都城已经向北迁徙到邯郸。邯郸城之来历，有说是在战国以前写作甘丹，认为太阳升过地平线叫甘，太阳落山过地平线叫丹。邯郸即日出日落之地。邯郸是个好地方，四周为一望无际的沃野，和平年代视野开阔，养心养眼，战争年代可是个危险之地，敌人可以从四面八方侵入，而城中之兵，无险可守。

赵成侯二十一年（前354），虽说是赵国强大，强迫卫国臣服，而魏国联合宋国抗击赵国，赵国就吃不消。因为赵国距卫国边界仅三四十华里（十五至二十公里），不易守，也不易攻，如果魏、宋、卫三国联军兵分几路，围赵救卫，赵国瞬间就会惨败！果然，魏、宋、卫三国联军共十万之师长驱直入，一举包围了邯郸，于次年攻破邯郸城，占领了赵都。赵国一方面拼力抵抗，一方面向楚、齐两国求救。楚国和齐国答应救援，齐国采取军师孙膑"围魏救赵"之计，大军直捣魏都大梁，迫使魏军急速撤回，才解除了赵国的亡国之危。否则赵国可能会就此消亡，也就不可能有后来的赵武灵王胡服骑射，更不会有后来的长平之战，赵长城也不可能出现了。

赵国的危险暂时解除，战争还在继续，这次邯郸城的陷落使赵国学会了行稳致远，他们总结教训，认真部署，卷土重来，于是就有了这次赵肃侯修长城之举，也算是给都城加了一个护栏，多了一份保障。

公元前 333 年，赵国开始学习各国修筑长城。他们不惜耗费财力、物力、人力，征发民役利用既有地形地貌就地取材，在西段、南段尽可能地沿山梁丘陵设城防，在东段平原地区，则将漳河、滏河堤防连接起来，加以扩建，形成紧围着邯郸东西南部的军事城防，让其守卫着赵国都城，直到秦始皇统一六国以后长城已经失去了原有的作用，完成了应尽的使命，这段长城才被秦军给拆除了。有专家学者说，在武安山区还能觅到这段长城的痕迹，其实很牵强，看不出长城的模样，只是与长城有关的“横城”这一地名永远留存了下来，默默地诉说着那一段曾经有过的真实历史。“横城”顾名思义，就是横在都城前面的一堵墙。以上就是这段长城诞生的原因和结局。

赵国如秦国一样，修筑过两条长城，一条是赵南长城，就是上面介绍的那条在赵国都城邯郸附近的长城。另一条是赵北长城，这条长城保存较好，长城的走向也很明显，跨度比较大，今天人们所知的赵长城一般指的都是赵北长城。

赵北长城位于内蒙古云中、雁门、代郡一带，因为这段长城在秦代以后还在利用和修缮，所以保存了下来。关于这段长城的修筑时间虽然没有明确记载，但是通过《史记 · 匈奴列传》上的记载推断，应该是在赵武灵王时期修筑。战国赵长城是中国北方修筑最早的长城之一，据《史记 · 匈奴列传》记载：“赵武灵王亦变俗胡服，习骑射，北破林胡、楼烦。筑长城，自代并阴山下，至高阙为塞。”今阴山山脉大青山、乌拉山南麓依然可以寻觅到这条土筑长城遗迹。因为历史对赵长城的记载有限，这一段长城也很复杂，如同燕长城一样，有许多是和秦昭襄王长城以及秦始皇长城相重叠的线路。虽说在内蒙古的这段长城许多地段都被说成是赵北长城，但仔细追究起来，也很难说，所以内蒙古给这些长城立碑，许多地段写的是“战国长城”，而不去详细划分。这或许是一个永久的谜，很难再去一一解开。因为这一段山上的确还有许多是秦昭襄王长城和秦始皇长城，虽说年代略有不同，但很难考证个清清楚楚、明明白白，除非有着大量的出土文物或者铭文来佐证，但是在长城上，这两种东西恰恰又是最少的。

战国赵北长城遗址处的石碑

现在可以明确的是，赵国确实修过赵肃侯的赵南长城和赵武灵王的赵北长城。有关赵北长城修筑的时间，史书中没有明确记载，但我们从《史记·赵世家》记载赵武灵王对北方的几次攻略中，可以推测出修筑长城的年代。赵武灵王二十年（前 306），“王略中山地，至宁葭；西略胡地，至榆中”。二十一年（前 305），“攻中山”。二十六年（前 300），“复攻中山，攘地北至燕、代，西至云中、九原”。

战争如此激烈，公元前 305 年攻中山应该是没能攻下来，或者攻下来后又被匈奴占领，所以五年后又复攻中山。此时赵国应该还没打算修筑北长城，因为这个时候赵国的势力范围只是到了林胡、楼烦、中山、宁葭和榆中，这个范围虽说很广，但是是东西线，不是向北扩展，也还没到达大青山、九原和云中地区。而赵北长城却是修筑在大青山、云中和九原之地的。

古时候的林胡活动的区域应该是在今天的鄂尔多斯高原东南部，包括今伊金霍洛旗、东胜区和准格尔旗及东越黄河到晋北山地森林区。

楼烦是北狄的一支，约在春秋之际建国，其疆域大致在今山西省西北

战国赵长城遗址

部的保德、岢岚、宁武一带。

古时候的榆中在甘肃省中部，西靠今天的七里河、城关区，东邻定西市安定区，西南与临洮县交界，北隔黄河与皋兰、白银市相望，东北和靖远县、会宁县接壤，属于阴山地区。

战国时期的中山国是在燕赵之内，今河北省中部太行山东麓一带一个由鲜虞人建立的国家，因城中有山而得国名。由中山武公建立，经历了戎狄、鲜虞和中山三个发展阶段，一度被中原诸国视为心腹大患，经历了邢侯搏戎，晋侯抗鲜虞，魏灭中山和赵灭中山的几个阶段。

中山国的前身是北方狄鲜虞部落，为白狄，最早发家是在今天的陕西北部绥德一带，随着发展的需要逐渐转移到太行山区。赵武灵王统治时期中山国应该还在今陕北绥德一带，中山国转移到太行山附近应该是秦汉时期的事情了。

历史上的宁葭应该在今河北鹿泉市北。

秦代治云中（今内蒙古自治区托克托东北）。辖境约是今日的内蒙古土默特右旗以东，大青山以南，卓资县以西，黄河南岸及长城以北。西汉时期，将云中郡划分为云中郡和定襄郡。东汉时期，又重新设置了云中郡。

九原就在鄂尔多斯的西北部到包头的西南部这个范围之内。

赵北长城的准确修筑时间应该是在公元前 300 年后，赵武灵王再次进攻中山国，夺得了燕、代，西至云中、九原这些地方，赵国才能将长城修到这里来。当时赵国苦于匈奴的骚扰，一边对外抵御匈奴，一边对内应付各国的挑衅和打压。问鼎中原，称霸一方是赵国无数代人的梦想，只是苦于内忧外患，相互掣肘，使得赵国的发展受到限制，但赵人的梦想从来都在。到赵武灵王时，他力主改革服饰，苦练骑射，就是为了与匈奴一决高下。赵武灵王的这一改革为赵国赢得了巨大的胜利，使赵国成为当时除秦国外最强大的国家。

赵国大军一度横扫阴山以东和内蒙古南部，开拓了疆域，把林胡、楼烦驱逐至鄂尔多斯高原和河套地区以南，把匈奴驱逐至乌拉山以北，在所占领的今内蒙古自治区的土地上设立了云中郡，屯重兵驻守，并修筑长城守护北方大门，使得匈奴在很长一段时间都不敢有大的动作，为中原的生产活动赢得了时间，积蓄了能量，也给赵国的发展带来了积极的作用。因此，赵国在接下来的时间里，尽管连连战争，却也实力犹在。赵国和秦国的战争尤其激烈，动辄几十万人的战争，一持续就是几年，双方伤亡都很惨重，但始终没伤筋动骨，直到秦昭襄王四十七年（前 260）那场在今山西高平市发生的长平之战才伤到了赵国的元气。这次的伤跟匈奴无关，跟长城也无关。

又过了三十多年，直到公元前 228 年，嬴政灭赵，赵国才在历史舞台上消失，从此只活跃在历史书中，这是一种无奈，也是自然规律，分久必合，合久必分，分分合合是一种必然。

任何事物有利就有弊，赵国没了，秦国少了这个多年的宿敌，却也少了北部的大门，赵国不再做中原的守护神，赵北长城也形同虚设，匈奴人再次直驱南下，一度越过阴山，越过榆中，直抵上郡肤施（今陕西省延安市境内）。秦在统一战争结束后不得不抽出手来对付匈奴，于是秦国也开始在北部边界修筑长城，抵御匈奴。这就是我们所知道的秦万里长城，于是赵北长城再次被利用，成为秦长城的一部分，赵北长城继续为中原做好北方的守护者。这不得不说是赵国的功劳，赵国虽去，他抗击匈奴保卫中原的精神永垂不朽，值得我们每一个人去纪念和缅怀。

为了防备乌拉山以北的匈奴对云中郡的反攻，也为了占据有利地势，赵武灵王时期赵国艰难且用心良苦地沿乌拉山的山势起伏修筑长城，直至九原城，并在各个宽阔的山口修筑了屯军和防御用的城障，在长城的制高点修筑烽火台，设重兵把守。赵武灵王的改革有着划时代的意义，功在当代，利在千秋。赵北长城就是中国北大门的一把锁，很长一段时间都将匈奴阻挡在外，使得匈奴不敢南犯，为整个中原的发展和生产生活做出巨大贡献。

秦万里长城和后来明长城的建造形式、城防设施、军事规划与管理等都有参考赵北长城和齐长城的模式，甚至直接大量沿用赵北长城。赵国还曾经在哈德门沟山口的南部地区修建了一座较大的城郭，名为九原城，在城中屯有重兵，随时备战，纪律严明，防守严谨，九原城成为赵国当时在西北部设置的军事重镇，极大地保障了云中郡北部地区的安全。

赵国挡住了匈奴的步伐，跟长城有着很大的关系，于是赵国继续修筑长城，将长城向西北扩展，直到修筑到阴山脚下而止步，“自代并阴山下，至高阙为塞”，这一段长城的目的有二，一是减少来自北方林胡、楼烦的威胁；二是“欲从云中、九原直南袭秦”。赵国要想争夺中原霸主地位，完成所有诸侯国都向往完成的最大的事业，那就必须扫除强敌，牵制其发展。当时对赵国最大的威胁不是燕、魏、齐，而是秦国，赵武灵王修筑长城与“变俗胡服、习骑术”，既有战略上的长远目的，也有战术上的整体提升，是战略战术上一种积极有效的统一。长城能阻挡住匈奴前进的步伐，自然也能牵扯住秦人的脚步，所以赵国花了很长一段时间修筑长城是一种

赵北长城上的赵武灵王雕塑

高明之举。在赵国修筑完长城以后，赵武灵王让位于赵惠文王，却一刻也没真正退休过，他曾乔装为商人进入秦咸阳城，探听秦国的军机和动向，了解秦国的山川地貌，为赵国吞并秦国做准备。

作为当时最为有效的军事防御工程之一，赵长城不辱使命。

精读赵长城

赵北长城遗存比较多，也比较明显，有的地段已经开发成旅游景点。内蒙古包头西北 67 公里处大青山上四处都能见到长城的残垣，烽火台更是比比皆是，有的是赵北长城的烽火台，有的是秦长城的烽火台，也有的是后来人为了旅游重修的长城以及烽火台。大青山是自东向西绵延数百公里长的著名山脉——阴山山脉的一部分。阴山山脉东与冀北山地衔接，西与贺兰山、北大山、马鬃山相通，构成了一条环内亚干旱、半干旱区南缘的生态交错带。这条生态渠道，在维护和保持内亚荒漠草原生态稳定性，涵养水源、保持水土，屏护山前河套平原乃至华北平原方面具有重要的意义。阴山一直是兵家必争之地，也是汉与匈奴的分界线之一，许多与战争有关的诗词都写到阴山。战国时期秦、赵、魏、燕等国以将匈奴驱逐到阴山以北为胜利。历代许许多多的英雄以在阴山下打败匈奴为荣。赵武灵王将赵北长城修筑在阴山上无疑是给赵国立了一座丰功碑，在向全世界彰显赵国的实力。这是赵国历史上光辉的一笔，被史学家所歌颂，被后人所铭记。

现存的赵北长城横亘于包头市辖区的中西部。在固阳县大庙村路边也有一处很明显的赵北长城遗址，此处已经成为一个开放式景区，长城虽说毁坏严重，痕迹依旧能看得很清楚，尤其人为夯土层是区分与长城周围田埂的最大标志。路边立的碑和雕塑很抢眼。山上有许多人为修筑的城垛子和烽火台，全为酱红色，在青山绿水蓝天白云的映衬下格外显眼，但不符合长城原本的模样，无论是跟古迹还是跟周围的环境，都显得有些格格不入，原本想上山一探究竟，也就没了兴致。

这里的长城遗址像坍塌了的堤坝，若不是有层层夯土层和逶迤延绵的遗址给人以想象，很难看出此处曾经是战国长城。长城盘踞于阴山南麓的群峰丘陵之中，山南是狭长的土默川平原，植被茂盛，水草肥美，随处可见风吹草低见牛羊的景象。站在土筑长城之上向四周眺望，长城的轮廓还是能看出来，一段一段的，起起伏伏，从大庙起，东向边墙壕村，西向昆都仑区，约有十多公里。鸟瞰这段长城的走向，不难看出其选址的良苦用心。无论胜败，它的威严是毋庸置疑的。

2000 多年前的赵北长城之所以能被保留下来，跟这里的气候干燥还是有着很大关系的，现在保留得比较好的一段在包头至石拐公路十公里处的大路边上。路并不宽阔，路况也不是很好，从包头市区驱车向北行驶 20 多公里就能到达，路边的一处山坡上，竖立着几块石碑，明确写着“战国赵北长城”，路的左边也有几块碑，都用蒙汉两种文字简短记载着这段长城的历史。所有的介绍都说这段长城大约在赵武灵王二十至二十六年（前 306—前 300）修筑，我认为此说法有误，这个问题前面已经详细分析过了，此长城是赵武灵王时期修筑，但修筑的时间应该是在公元前 300 年以后。因为赵武灵王励志改革后向北发起战争，到公元前 300 年后才占据固阳等地，这时才有可能在此修筑长城。

燕赵长城遗迹

赵北长城绵延于包头市北部山区的中西部山巅之上，我从邯郸一路走来，不禁感叹赵国的地域辽阔和赵国人的骁勇善战。若司马迁的记载无误，那么一个被屠岸贾满门抄斩的赵氏家族，在程婴等人的大义之下护全的赵氏孤儿赵武，也许做梦都不会想到他的后人会有如此气魄，拥有这么辽阔的土地和这么强盛的国力。

阴山是古代北方游牧民族的牧场，也是南进中原的捷径。中原各民族若想不再遭受游牧民族的侵袭，就必须占领阴山南麓的沃野，扼守阴山的主要路口，得阴山者必胜。因此，在与匈奴的长期对抗中，这片黄河北岸平原就成了兵家必争之地。赵国和秦始皇统一后的大秦王朝、汉朝都是扼守阴山，钳制住阴山关隘，使得匈奴不敢南下而牧马，士不敢弯弓而抱怨。这就是胜利。赵北长城在秦汉时期依旧在发挥作用，它始终是抗击匈奴的屏障。由于地理位置特殊，秦汉都曾对赵北长城加以修缮，以延续它抵御匈奴的作用。

长城状如长龙，纵贯南北，穿山岭、跨河谷，蜿蜒而行，逢石石垒，遇土土筑，历经 2000 多年风雨沧桑，现存的长城几乎都是土城墙、砖土城墙及石城墙，青砖依旧在，夯土清晰，长城断断续续不完整，却位居制高点，龙盘虎踞，不减当年雄姿。

由于常年的洪水冲刷、淤积等原因，也由于许多年来长城已经失去了它原有的作用，没有人再去关注和维修长城，长城被遗弃在荒山野岭自生自灭，多数地段毁坏严重，或者已不存在。赵北长城断断续续，由东向西延伸，有遗迹可寻的地点有沟门乡东北的小狼窝沟、朝阳洞、哈子盖、窨子湾、东湾等地。朝阳洞山下发现一段长城，绵延约 0.5 公里，残高 1.2 ~ 1.5 米，基宽 4 米，顶宽 1.5~2 米，夯层厚 9~12 厘米，夯窝直径 4~6 厘米，基本上全黄土夯筑，偶尔也有黄土加沙粒夯筑。

赵长城和其他长城一样，一直在山顶盘旋行进，偶遇山谷降下，又很快盘桓而起，整段长城多以土石混筑，也有砖土混筑，多数地段已坍塌遭毁坏，偶有长城两侧用石块错缝垒砌，中间填土及乱石。保存较好者，残高不过 1.5 米，基宽 2.5 米，顶宽 1 米，横截面略呈梯形，或者覆斗形。长城沿线设有烽燧和障城。迄今为止，在现存的赵长城遗址上共发现烽燧 6 处，其中大青山山前 3 处，乌拉山山前 3 处，分别为卢房沟烽燧、沙兵崖烽燧、庙湾烽燧、大坝湾烽燧、梅力更沟烽燧，其中梅力更沟处有两处烽燧，一处位于梅力更沟东岸，紧贴赵长城，另一处位于梅力更沟西岸，梅力更沟南障城北墙中部外侧，两个烽燧均呈圆锥状，底径约 20 米。痕迹很明显，能一眼看出来是长城的一部分。

现在查明的障城大约有 10 处，自东向西依次有后坝障城、克尔玛沟障城、边墙壕障城、昆都仑召障城、虎奔汗沟南障城、虎奔汗沟北障城、哈德门沟障城、大坝沟障城、梅力更沟南障城、梅力更沟北障城。

烽燧好理解，即烽火台。障城许多人不理解，障城在汉时期，被称为“候城”，秦汉、战国应该也是如此称谓吧！《汉帝·武帝本纪》颜师古注曰：“汉制，每塞要处别筑为城，置人镇守，谓之候城，此即障也。”障城就是每个要塞设置的相当于兵站或驿站的建筑，它偏筑于长城之内，是以长城为主的防御体系中不可缺少的部分。现存的所有长城都有障城存在，如同烽燧一样，是长城上很重要的一部分。

细说长平之战

我这里要详细说说长平之战，因为这场战役在战国时期有着非同寻常的意义，是历史的一个大的转折点，此次战役虽说跟长城无关，但跟赵国后来的灭亡有着密切的关系和举足轻重的历史意义。

长平之战遗址

长平在今山西省高平市境内，我认为整个高平市北面都是长平之战古战场。

高平春秋时称泫氏，战国时改为长平。这里是中华民族的发祥地之一，相传炎帝就活动在泽潞盆地，逝世后就埋葬在羊头山东南的庄里村（关于炎帝故里及炎帝陵所在地尚有争议）。

现在此处还遗留有明代的一块炎帝陵碑，是目前为止国内发现的年代最早的炎帝陵碑。炎帝和黄帝也在羊头山附近发生过战争。据《后汉书·西羌传》记载：永初五年（111），“复以任尚为侍御史，击众羌于上党羊头山，破之”。此处几乎全是古战场遗址，一步一个故事，处处血泪，历史上著名的长平之战就发生在这里。

高平市三面环山，丹河从北向南纵贯全境，这里崇山峻岭，地形险要，易守难攻，历来都是兵家必争之地。

长平之战古战场遗址遍及大半个高平市，涉及山岭、河谷、关隘、道路、村镇五十多处。至今当地的许多地名、村名都与此次战争密切相关，如康营、谷口（哭头）、围城、箭头、企（弃）甲院、三甲、赵庄、徘徊、秦垒、营防岭、空仓岭、白起台、骷髅山、将军岭、廉颇屯、王离城（此王离不是秦始皇的大将王离，而是指赵王绝望的离去）等。我曾到这些有着“稀奇古怪”村名的村子采访，村民几乎人人都能详细地介绍那场战争的惨烈，甚至有许多人能绘声绘色地描述这场战争的细节，好像战争就是昨天发生的，而他们都如目击者般痛心疾首，悲愤难平。我去过许多古战场，没有哪一个古战场周围的人会有如此强烈的仇恨感，以至于当时我给一个朋友打电话描述我所看到的长平古战场周围的情形时，朋友焦急万分地问我没有暴露是从陕西去的吧！没有暴露你在陕西的任何身份吧！那种焦急分明是怕我独自一人在长平古战场，人们会把这种仇恨转嫁于我。可想而知这场战役当时的惨烈程度，以至于对后世造成如此深远的影响。

来过这里我才知道，不只是弱者为了防御敌人才会修筑长城，强者、进攻者也会修筑长城。在山西高平就有一段长城是秦军所修，至今长城遗迹还很明显。赵军在高平的一处叫大粮山的高地囤积军需和粮食，秦军为断绝赵军的粮道和援军，就在此处附近修筑长城加以拦截和打击。这段秦长城西起丹朱岭，经关和岭、羊头山，到陵川的马鞍山，蜿蜒曲折百余里，虽说是临时修筑，但长城该有的功能和设施这一段都有，至今在山上还能找到长城遗址，可见秦国和赵国在这里展开了生死的较量，秦军不惜血本布下天罗地网，在长平血战之前，秦国和赵国在此已经恶战三年，长平之战的惨烈可想而知。

秦赵之间的战争说来话长。原本秦赵同宗，他们是一脉相承的嬴氏子孙。由于祖先分封的地域不同，才将他们分开。在很长时间里，秦赵是互不侵犯的。韩、赵、魏三家瓜分了晋国，赵国也成了诸侯国以后，秦国跟赵国是有过漫长的友好合作期，赵国很快壮大。后来由于赵国听人挑唆，亲齐而背秦，两家开始矛盾重重。自周赧王九年（前 306）赵武灵王“胡服骑射”以来，赵国国势更盛，军力较强，对外战争也胜多负少。赵武灵王如同春秋时期的齐桓公一样自鸣得意，将自己的王位禅让给儿子，自己当起了太上皇。有一天，他实在无聊，于是乔装进入秦国，考察秦国地形，意图从赵九原出击绕开函谷关攻击秦国。赵武灵王的这次“微服私访”很快被秦国发现了，秦昭襄王连忙派兵追赶，赵武灵王和他的随从已经连夜过了黄河，秦军没能赶上。秦赵就埋下了仇恨的种子，此后虽战争频仍，但都是规模不大。

秦昭襄王嬴稷如同春秋时期的齐桓公姜小白一样，是艰难且侥幸登上王座的，这样的君王往往都会比较有作为。秦昭襄王时期，秦国已从春秋时期西垂一隅的小国，发展成绝对的大国。秦昭襄王刚刚登基之时，曾遭受四面打击，包括嬴稷母亲的母国楚国都趁机欺负这对没有根基的孤儿寡母，当时秦国为了稳定局势，只得四面割地求和。战争不断，秦昭襄王从继位开始就疲于应付四面战争。打着打着，打出经验来了。秦国在宣太后和义渠王的帮助下，政治很快稳定下来，国力也慢慢强盛起来。于是，母子俩为了一报当年割地和被欺负的仇，主动四面出击，打得各国都没有还手之力，秦国不但收回了当初割让出去的土地，还赢得了更大的胜利。

于是秦昭襄王如同赵武灵王一样，一鼓作气，想成为战国霸主，想兼并六国。秦国和赵国一样，用拳头说话，不断发动战争，各国被秦国打得没有招架之力，秦国这种兼并一统的野心人尽皆知。一国斗不过秦国，于是纷纷用合纵或者连横来对付秦国。当时秦国已经是一家独大，就这样合纵也好，连横也好，居然都没能伤到秦国的分毫，反而使得秦国越挫越勇，垂沙之战，大败楚军；伊阙之战，战胜韩、魏两国，扫平秦军东进之路；鄢郢之战，获得了楚国大量国土；华阳之战，大败赵、魏联军，攻取了魏国的几座城池和赵国的观津……这个时期，秦国的国力鼎盛，自己早都想称帝，又怕如同楚国称王一般没人认同，于是就拉上齐国相互称帝。齐国也知道自己是秦国利用的一个棋子。齐秦两国在齐湣王三年、秦昭襄王九年（前 298）时就打过一仗，齐国联合韩国直接闯进秦国的函谷关，这场战役在史书上几乎是一笔带过，似乎齐国只是跟秦国玩了一个小游戏而已。最后以齐国迎回了秦国的公主作为王后而告终，等于越打越亲了，之后的几十年直到齐国灭亡之前，两国之间都没有再发生过一对一的大规模战争。

秦国邀请齐国一起称帝，齐国自然是高兴，称帝是每一个诸侯国梦寐以求的事，何况是秦国这个强大的国家发起，比自己提出来要称王称帝还有面子得多，于是也就响应了，虽说时间很短，怕引火上身很快取消帝号，但秦国的这种自信和强盛是有目共睹的。

而此时赵国也不弱，大战连连，节节胜利，尤其是在跟强悍的匈奴的较量上取得了绝对性的胜利，成功跻身战国七雄之列。这期间，秦国和赵国的战争一直就没间断过，新仇旧恨越积越多。

周赧王四十五年（前 270），秦军越过韩国进攻赵国，被赵将赵奢大败于阏与（今山西省和顺西北）。这是秦军主动发动战争以来，少有的一次失败。

长平之战古战场永录遗址一号尸骨坑

这时，范雎给秦昭襄王提出了“远交近攻”的策略。秦昭襄王采纳了范雎的意见，首先攻魏，然后转向韩国。

周赧王五十三年（前 262），秦国攻打并占领了韩国野王（今河南省沁阳市），把韩国的上党郡与国都分开，截断两地之间的联系，援军和粮草都无法供应。韩桓惠王束手无策，决定将上党郡拱手献给秦国，以求秦国尽快息兵。上党郡郡守冯亭被秦国围困得满肚子火，自不愿降秦。秦国被赵国打败过，冯亭就想利用秦国正怵赵国的心理，借赵国的力量来抗击秦国，宁可把上党郡的十七座城池献给赵国也不愿给秦国。于是，冯亭便派遣使者通报赵国，和赵国洽谈。

赵孝成王和平阳君赵豹紧急商议此事，平阳君不主张接受上党郡，他认为冯亭不将上党交给秦国，是想嫁祸给赵国，可能会对赵国不利。

赵孝成王感觉这是个好事，由于前面有打败过秦国的底气，他认为此事可干。于是又召见平原君赵胜和赵禹商议，二人和赵孝成王的想法不谋而合，认为可以接受冯亭的上党郡，他们的理由是："我们常年发动百万大军作战，经年累月地攻打，也攻不下一座城池。如今坐享其成得到十七座城池，这是大利，不能失去这个机会。"

于是，赵孝成王听从了平原君赵胜的计谋，封冯亭为华阳君，派平原君去上党接收土地，同时派廉颇率军驻守长平（今山西省高平市），以防备秦军来攻。

秦国辛辛苦苦围攻，眼看马上到手的十七座城池却被韩国拱手送给赵国了，当然是无比愤怒，于是决定出兵攻赵。

这就是秦赵长平之战的起因。后面所发生的事情大家几乎都知道。秦赵鏖战两年多，双方伤亡惨重。于是越打越气，秦国和赵国都发动举国之兵激战长平。秦国虽说气焰很高，但由于廉颇善于防守，秦国用尽了一切办法，包括修筑长城围剿赵军，可还是无法攻破赵军壁垒。最后秦国用了离间计，说廉颇是个花架子，秦军根本就不怕廉颇，秦国最害怕的是马服君赵奢的儿子赵括。赵括从小熟读兵书，是个少年才子，早都扬名在外。

此时恰好赵孝成王恼怒廉颇的军队数次战败，又反感廉颇坚壁不战，认为耗费时间越久对国家越危险，国力也越虚弱。这期间秦军围困赵军，赵国还找人去跟秦国和谈。秦国害怕其他国家搅和进来合纵或者连横，假意制造良好的氛围，让其他国家误以为秦赵和解，也就不便插手这两个大国之间为利益而引起的矛盾，况且这件事情赵国有错在先，所以赵国再次被推到孤立无援的地步。

赵孝成王原本想用名将李牧替换廉颇，可李牧正在驻守雁门郡，无法抽身。想用乐毅，又对乐毅放心不过，因为乐毅刚投奔赵国不久。于是找来赵括，赵括信心百倍，谈起战事口若悬河，有条有理，并且气宇轩昂，这无疑增加了赵孝成王换将的决心。

赵括是名将赵奢的儿子，自小学习兵书，但缺少实战经验。“纸上谈兵”这个成语就是从赵括这里来的，这个成语出名就是对赵括长平之战血流成河的耻笑。

赵括顶替廉颇以后，果然如赵孝成王所愿，还真是速战速决，这一决就成了永诀了。赵括也在这场战役中因乱箭穿心而死。赵军全军覆没，秦军活埋赵军四十余万降卒，赵国几乎灭国。

此次战役成为中国历史上最早、规模最大、最彻底的大型歼灭战。三年战役，秦军前后共歼灭赵军约六十万人，从根本上削弱了当时关东六国中最为强劲的对手赵国，也给其他关东诸侯国以极大的震慑。

这场战争为秦国后来的统一战争吹响了历史性的号角，秦国已势不可当，一个史无前例的中央集权大帝国即将出现。

从前赵国每年祭祀凭吊的吊古场所在地

围城村相传为赵军被秦军围困处，廉颇和赵括都曾经被困于此。此地地势平缓，一览无余，若大军压境，遭到包围，还真不好突围。

离围城村不远处为赵庄村，相传长平大战后，此地成为一片废墟，赵括死后，当地老百姓将赵括尸体偷回，葬于村北的二仙岭上。为使子孙后代不忘赵国，遂将此地改名为赵庄，彰显赵人的大义和复仇的决心。如今高平骷髅山上保存完好的骷髅王庙里供奉的就是赵括夫妇。长平村还有吊古场遗址，据说也是凭吊赵括的。现在吊古场已经成为一所小学。赵括也算是一代名将之了，在长平战死沙场，与他陪葬的是几十万赵国军士。赵括英勇杀敌，为国捐躯，为后人所供奉，却也因“纸上谈兵”成了反面教材。

长平谷口村原名哭头村，又名杀谷、哭头、省冤谷（哪个听起来都是血淋淋，瘆得慌的感觉），位于高平市城西五公里处，相传是白起坑杀赵军的地方，至今村子里还遗留有白起台等古迹。村子里还流传一种小吃叫烤豆腐，也是跟长平之战有关。据说当时赵地人痛恨白起，恨不得将白起的脑浆挖出来吃了，但是惧于秦军的威严，赵地之人敢怒不敢言，于是就将豆腐切成块，放在火上烤，将两面都烤得焦黄，而后又放在盆里用水煮，煮好后蘸上蒜和豆渣一起吃，等同于吃白起的脑浆。这种小吃至今还在流传，可想这种仇恨多么深入人心！

长平之战大范围的战场遗址内，常有戈、矛、箭头等文物出土。近年来，高平市对长平之战的考古工作取得了很大的进展，有了许多重要的发现。1995 年 5 月，在永录村发现一处尸骨坑，此坑就在将军岭下，出土了大量的尸骨以及刀币、布币、半两、箭头、带钩等文物，为研究长平之战提供了重要的实物资料。

考古还在继续，有了现代科学考古的帮助，历史上神秘的长平之战的真相也许会在未来的某一天浮出水面。

在长平之战遗址永录一号战国尸骨坑里我见到了距今两千多年的尸骸，在这个宽五米、长十一米的尸骨坑里躺着六十多具尸骨，考古人员运用目前国际上最先进的射线测定法，探测到一号坑的西侧，还有一个宽三至四米、长五十五米的大尸骨坑，被编为二号坑，据推测也有近百具尸骸。

永录一号尸骨坑的发掘，是中国近年考古工作的重要发现，有人认为，它可以证明了长平之战中秦军确实野蛮屠杀赵国战俘。同时认为，长平之战的许多疑难问题得以澄清和解决。

有人认为，尸骨坑的发现可以印证秦军坑杀赵国四十万降卒的说法，我却不这样认为。

如上文所说，一个坑清理出一百余具尸体，那光赵国的降卒就会出现四千个百人坑。秦军杀赵四十万降卒严重失真。

此前，秦赵的战争已持续了三年，秦军的损失也在二十万人左右。赵军在此之前也会有些伤亡。如果是这样，那在高平这个地方至少会有六七千个这样的百人坑。如果按照上文的占地面积来算，一个坑占地五十五平方米，六七千个那至少要占地三十三万平方米。这三十三万平方米不是集中在一起的，而是分布在无数个山沟里，这样势必占的地方就更大了。

如果一个山沟有一至两个这样的百人坑，那这个地方最少要有几千个山头，高平能有这么多的山集中在一起的吗？显然是不可能的。

秦之后相当多的史籍在记载长平之战时，都沿用"白起坑赵"的说法。坑，在古代汉语里有"活埋"的意思。因此，后来不少文史记载便直接称白起"活埋了赵国四十万战俘"，但谁也说不清这四十万人究竟是怎么被活埋的。据观察，一号尸骨坑中许多尸骨上有遭砍、射的痕迹，有的仅有躯干而无头颅，射进人的胯骨中的短箭头也留在其中，如果这些尸骨确为赵国降卒，那这些赵国士兵应是在死后被掩埋的，并非活埋。

换个角度想，四十万赵军这么多的人，难道就等着秦军一个个地杀，一堆堆地埋吗？他们不会反抗，不会突围吗？

要坑杀四十万人，所需时间应该不短。试问，这些人当时是站在什么地方能这么简单地让秦军杀呢？！能站四十万人的地方应该是一个万分开阔的地方，既然万分开阔，哪怕是被秦军团团围住，赵卒即使当人肉墙也是能突围一部分的，怎么可能全部坐以待毙等着被活埋呢？

既然秦军在一个很开阔的地方杀死了这么多的降卒，又为什么要分开一一地送到山里面去掩埋呢？如果说杀降卒需要一段时间，掩埋尸体需要的时间应该更长吧！与其这样为什么还要兴师动众把尸体送到山里面掩埋。

长平之战古战场紧邻太行山，却又有别于太行山，此地为丘陵地带，并非山大沟深，平缓处也很宽。我也认真研究过秦军和赵军的行军路线，秦军兵分两路，一路从函谷关到河南偃师、庆阳，而后绕道高平，另一路是从山西侯马，也就是晋都绕道上党郡，而后南下，到达高平。

赵军是绕太行山向西行进，到达高平。

为什么两军都要历经千辛万苦赶到高平，将此处作为战场？

依据此地地形，想在沟谷里发生大规模的战争是不可能的，只能是在平原上。但是在平原上双方近百万军队是如何布排的？秦军怎么就能将这么多赵军围困并全部杀死？此次战争由韩国引起，韩国此时为何不出兵相助赵国？

秦赵长平之战并非是一朝的偶然，赵军被秦军围困了很长时间，这期间赵国的统治者在干什么？为什么不组织军队救援？后来燕国想灭赵，赵国也还能迅速组织起八万大军将燕军打败，此时赵国于情于理都不可能坐以待毙。即使赵国没那能力组织军队，也可以向其他国家求援的，围魏救赵的事情在历史上也发生过。四十万大军都是娘生爹养的，赵国统治者若此时振臂一呼，组织起民众来与秦军抗衡也不无可能，为什么没有行动？当时为何不派由李牧带领的雁门军队回军长平营救？为何赵国不再征兵让廉颇继续打外围营救？

这场战役确实蹊跷，我认为最大的可能性是秦军出动四十万人，赵军出动四十万人，他们在长平作战数年，双方都有伤亡，以上这些个百人坑不是秦军杀赵的降卒，而是在战争中战死的将士被就地掩埋了。秦军活埋赵军，那一定会有万人坑，目前还没见到。

秦赵双方焦灼多年，死伤不少，所以出现了许多这样的百人坑是在情理之中的事情。现在在永录一号、二号战国尸骨坑里的尸骨不一定都是赵军的，也有可能是战死的秦军的。

说秦军杀赵军降卒也许确实存在，否则这个事情不会被这般载入史册。但杀的人数不会那么多，我见有的资料显示是二十万人，也有的显示是四十五万人。由于粮草断绝，赵军只能投降，秦军缴了赵军的武器，赵军无招架之力，秦军又不能常年养着这些有异心的赵军，要知道养虎遗患，多养一天秦国就危险一天，所以白起要杀降卒。赵军又累又饿，又被缴了武器，只能束手就擒被秦军杀死。

我想高平这个地方或许还会出现几个万人坑，那些个万人坑才是秦军杀赵的降卒，但数量不会很大。

当然，古代战争的用人数量有时是严重失真的，包括王翦伐楚用了六十万人也待考。战国晚期秦国是最强大的国家，有带甲之士百万，当时秦国总人口也才不过五百万，光士卒就有百万，这可能吗？其他国家也一样，动辄几十万人，全国人口总量就那么多，哪来的那么多的士卒？

赵亡解析

如果以秦王政十九年（前 228）王翦攻克赵国邯郸并俘获赵王迁计算，赵国是第二个被秦国灭掉的国家，如果按照韩王安死（秦王政二十一年）算韩国灭，赵国就是第一个被秦国灭掉的国家。

按说赵国是战国时期最为强大的国家之一。甚至一度可与秦国比肩。

从赵武灵王胡服骑射开始到赵国灭于秦手共一百零三年的历史，赵国因地理位置因素，一直承担着对抗游牧民族侵扰的重任，它看似在维护着赵国自己的安宁，其实也是巍巍中华在北方的一道屏障，是大中国的保护伞。

一直以来是赵国将汉民族和匈奴民族区分开来，将汉文化和匈奴文化区分开来，它为守护中原文明与各国安宁做出了不可磨灭的贡献。

喜欢历史的人都不会忽略赵国的历史。秦赵长平一战，赵国损失约六十万的精锐部队，这在一般的国家很难很快恢复元气。此时在赵国以东的燕国看到了时机，想乘此机会一举灭了赵国，捡个便宜。

赵国虽在长平之战中损失惨重，却很快组织起全国仅有的新招募的八万青少年兵丁，在廉颇的带领下将来犯的燕军驱逐出境不说，还一路追到燕国都城脚下，打得燕军毫无招架之力，燕君只得割地求和。这一次燕国是偷鸡不成蚀把米，赔了夫人又折兵，使得原本虚弱的燕国，几近灭国。

这一仗倒是帮了赵国的大忙，使得原本奄奄一息的赵国又迅速崛起了，燕国攒了数百年的财富以及国土，拱手让给了国力虚弱的赵国作为补给。

尽管赵国历经长平一战，元气大耗，但在秦灭六国的过程中，跟赵国的战争是最艰难的，用了前后九个年头，可想而知这个国家有多么的坚强。在秦灭赵的战争中，赵国屡屡兵败，动辄数万人甚至十万人被斩首，赵人依旧没有屈服。直到秦王政十九年（前228）王翦抓获赵王迁，赵国公子嘉还带领他的宗族几百人前往代地，自立为王，向东与燕国的部队联合起来继续抗秦，可想而知这个国家有多么的顽强。若不是当初错误的决策，使得长平一战失败，秦国估计也不敢轻易向赵国动手。

赵人的顽强还不仅仅体现在这里。

在战国的地图上我们能看出来，赵国地势险恶，山峦交错，除了个别的地方有着小面积的平原以外，多数是纵横交错的山地。而现有的小平原也以干旱居多，农耕业在这个国家占不到主导地位。好在北临胡地，狩猎

长平古战场上的大粮山

和畜牧业在这里还能发挥一定的优势。所以说，赵国的先天条件并不是最优越的。赵国修筑长城更多的是靠精神，赵人有恒心，有决心，心中有一道任何人都无法逾越的长城，这才是最富有，最强大的。

尽管赵人所处的地理环境条件一般，但赵人从来没有屈服过，他们独自与匈奴抗衡，这一点即使是秦人也无法与之比拟。

最难能可贵的是，赵人一边与匈奴数十年如一日地战斗，一边还要与中原各国进行生死较量，一边还要寻求发展使自己强大，实乃不易。

但是赵国还是亡了，亡在秦的手里。

这其中的原因其实还在于赵人自己。

孙皓晖先生认为，赵人与匈奴为邻，有一些习性与游牧民族有类似之处。勇而无方，烈而无为，强而无谋，民风彪悍且性野，自命不凡还人人气躁，内乱不断无规矩可言，这就是亡国的最终原因。

按说赵人秦人是同宗，他们的习性也大同小异，这两个民族都尚武，都生命力旺盛，都坚忍不拔，可他们所遵循的法则却大相径庭，所以导致他们最终的结局也大相径庭。

赵国的失败主要在于自己国内的动乱。

翻开赵国的历史，内乱事件比比皆是。血淋淋的自相残杀导致赵国部族分裂，他国乘机入侵而几近灭国，这样的事情在赵国格外多。

单是赵国早期历经赵盾、赵朔、赵武、赵成（赵景叔）、赵鞅（赵简子）、赵毋恤（赵襄子）六代，在这一百余年中发生大的内乱就有四次。

第一次是发生在赵盾时期。太子夷皋年少，赵盾考虑正值国家多事之秋，想拥立襄公之弟雍继位，由于受到各方的阻挠，赵盾只好放弃。夷皋继位为灵公后残暴无度，赵盾劝谏却招来杀身之祸，幸而被人救后逃往他国。赵穿杀了灵公，拥立襄公弟弟黑臀为国君，却为后来的赵氏满门抄斩，唯留赵氏孤儿埋下了隐患。

第二次是赵鞅（赵简子）废嫡改立庶子赵毋恤（赵襄子）为继承人。

第三次是赵鞅（赵简子）通知邯郸大夫赵午索要卫国贡户五百家。赵午先是答应了，由于父兄们不同意无法兑现诺言，赵鞅就杀了邯郸大夫赵午，导致自己被孤立只能逃往他国。

第四次是在赵襄子（赵毋恤）时期，赵襄子的姐姐原是代王夫人，在安葬了赵简子以后，赵襄子宴请代王时趁其不备杀了姐夫代王，姐姐也自杀而死。

赵人尚武好斗，却也少了一些规矩和法则。秦赵一脉相承，秦却很少发生妄杀事件，尤其是君臣、父子之间更是少见。而在赵国却成了家常便饭。这种内乱一直延续下去，赵氏自赵简子立国到赵王嘉（代王）被秦所灭，前后历经十五代，有十一代都发生过大的内乱。

第一次是公元前 425 年，赵襄子刚死，其子赵浣（赵献侯）即位，赵襄子之弟赵恒子密谋兵变，赶走赵献侯，自立为赵王。

第二年，赵恒子死了，赵氏部族再次发生兵变，杀了赵恒子的儿子，迎接献侯复位。

此事过去三十余年，到公元前 387 年，赵烈侯去世，其弟武公即位。武公十三年去世，赵国部族又发生兵变，废黜武公之子，改立赵烈侯的儿子赵章为王，是为敬侯。

一年以后，赵武公之子又发生兵变，没能成功，逃往魏国。赵开始以邯郸为都城。

公元前 374 年，赵成侯元年，公子赵胜与成侯争位，发生动乱。

公元前350年，成侯去世。公子偞与太子肃侯争位，偞失败，逃奔韩国。

公元前299年，这一年的动乱最为惨烈。赵武灵王传位给他与惠后吴娃的儿子赵何，废黜以前的太子赵章，自己退位为主父。可又对这个长子赵章于心不忍，立赵章为安阳君，还想将国家一分为二，两个儿子都为王。事情没成，这种想法也是两面不讨好的。事后，赵章发动兵变，与赵何争位，公子成支持赵何，杀死赵章，并再次发动政变，包围赵武灵王所住的沙丘行宫，活活饿死赵武灵王。

公元前245年，赵悼襄王派乐乘代替廉颇为将，廉颇不听，袭击乐乘，乐乘败走，廉颇逃往魏国。赵国与秦国大战多次失败，赵悼襄王又想启用廉颇，派人去看望廉颇，使者受奸人挑唆，致使廉颇前往楚国，死在楚地。

从以上这件事中，我们可以看出赵国都乱成什么样了，大将居然违抗王命，还相互厮杀。事后赵国举国上下并不以为然，赵王想再次启用廉颇，但因有奸人挑唆，廉颇未能回到赵国，最终客死他乡。

公元前236年前后，赵悼襄王晚年，他废黜嫡子嘉而立倡家女的儿子迁为太子。

赵王迁品行卑劣，即位后诛杀良将李牧，废重臣司马尚，信用奸人郭开。前228年，赵王迁被秦军俘获后，赵嘉在代地又称王六年，秦军攻破代地，赵嘉被俘，赵国才正式灭亡。

以上这些资料就是一本赵国存亡录，如此治理国家，再强大的国家也会衰败下去。国无二君，君无戏言，君臣同心，国之长存，这才是一个国家真正强大的根本所在。

赵国最后的灭亡，就在于赵王用人多疑，导致国破家亡。李牧是赵国赫赫有名的大将，曾经多次和秦军交手都取得胜利。始皇十八年（前

229），王翦、杨端和共同伐赵，赵将李牧和司马尚临危受命，誓死抵抗。秦人久攻不下，再次利用离间之计，让赵王身边的宠臣郭开诋毁李牧和司马尚。赵王迁如同当初的赵孝成王一样，又深信小人挑唆，执意临危换将，让赵葱和齐将颜聚去替换李牧和司马尚。李牧知道这次换将可能会是长平之战的翻版，为了国家的利益，他没有像当初的廉颇一样让赵括误国。可一个将军的忠心抵不过一个昏君的决策，李牧不受命，赵王就将李牧捕杀，废了司马尚。结果在第二年，王翦大破赵军，杀了赵葱和颜聚，俘获赵王迁，灭了赵国。

回车巷里还在讲述着廉颇和蔺相如的故事

可惜了这么一个有着强大力量的赵国。它的灭亡不是因为别人，而是被自己的内乱和统治者的管理无序、用人疑心太重送上了断头台。

YAN

之六 探秘燕长城

燕地紧邻北胡、东胡，按照常理应该较早修筑长城加以防御外患，可燕国恰恰是战国时期最后一个修筑长城的国家，这可能与燕国国力不强，加上偏安一隅有关吧。

奇奇怪怪说燕国

要写一个国家的军事工程，是一定要写一个国家的历史的。只有认真研究和分析这个国家的历史，方能全面知道这个国家乃至当时整个时期的各国各种形态，以及巨大的军事工程诞生的原因。

这个问题在研究其他国家的历史时并不艰难，而对于长寿的燕国来说却是很困难的事。按说一个国家存在越久，这个国家的历史越丰富，正如一个国君在位时间越长，对这个国家无论是正面影响还是负面影响都会越大一样。

燕国，不乏长寿君王，也不乏有思想、有作为的君王，可燕国的历史很有趣，八百多年的历史波澜不惊，平淡如水。

燕早期都城遗址——古城墙界桩

燕国（公元前 11 世纪至公元前 222 年），它是周王朝分封在中国北方的一个有着重要地位的同姓诸侯国。分封之初，燕国确实是藩屏周室、镇伏夷狄，不光自己在发展壮大，也是周王室很有力的辅臣，在政治和军事上一直处于重要地位。燕国立国，前后达八百余年，历西周、春秋、战国三个历史阶段，前后迁都五次，盛衰相继，治乱交迭，几经沉浮，在战国中期一段时间内达到过鼎盛，成为幅员两千里，兵甲数十万的泱泱大国，并成功跻身于战国七雄之一。正如司马迁在《史记·燕召公世家》记载："燕外迫蛮貉，内措齐、晋，崎岖彊国之间，最为弱小，几灭者数矣。然社稷血食者八九百岁，于姬姓独后亡。"可见燕国在众多大国之间艰难维系这么多年，最后还能一举翻身强大，是多么的有韧性。

从周朝早期到战国所有的诸侯国中，只有燕国是周王室一脉相承的古老诸侯国。从西周初期分封诸侯国到战国末期灭亡，燕国历经四十多代君主，存国八九百年，是中国历史上存在时间最长的诸侯国。

奇怪的是，其他国家至少会对本国历史做简单的记载，让后人可以知道这个国家的开国之君，世系传承。若不知开国君主，这个国家就如同无根之木、无源之水，而燕国这样一个古老的周王族诸侯国，一个能延续好几百年的诸侯国居然就是没有这最基本的记载。

按说燕国开国之君是燕召公奭，他是西周开国功臣，是周武王的兄弟，但众所周知，召公奭并没有去他的封国就任，而是让他的儿子替他去上任了，这是历史上一个非常罕见的事情，史书中应该详细记载这件事的因果始末。

历史上是记载过，否则我们也就不可能知道召公奭留在了成周协助成王、康王理政，也就不可能知道他儿子替他上任了。但对接替他去上任的儿子的记载很模糊。

《史记·燕召公世家》载："召公奭与周同姓，姓姬氏。周武王之灭纣，封召公于北燕。其在成王时，召公为三公：自陕以西，召公主之；自陕以东，周公主之。成王既幼，周公摄政，当国践祚，召公疑之，作《君奭》。《君奭》不说周公，周公乃称'汤时有伊尹，假于皇天；在太戊时，则有若伊陟、臣扈，假于上帝，巫咸治王家；在祖乙时，则有若巫贤；在武丁时，则有若甘般：率维兹有陈，保乂有殷'。于是召公乃说"。再后面是"自召公已下九世至惠侯。燕惠侯当周厉王奔彘，共和之时。"燕国的历史直接从召公跳到他第九世玄孙燕惠侯这里了。这是什么原因和做法？

现在有历史学家分析认为，燕国早期无事，没什么可记载，所以一笔带过，或者是燕国不重视留备历史。我认为都不是。燕国如若不注重记载历史就不会重笔记载召公的事迹，燕国若不善于留写历史召公就不会作《君奭》流传至今。在召公协助周王朝执政期间，老百姓为召公所作的《甘棠》都能流传下来，燕国初期的历史居然没有记载。召公的儿子去燕国上任，实乃燕国第一代国君，这个国君到底是谁，有过哪些事迹，这些居然都没有记载。翻开历史书籍，这是非常罕见的。召公能让自己的儿子去燕国上任，这个儿子绝对不会是个庸才，否则不堪重任将会不利于一个新封的诸侯国的发展。那么，召公也不会放心留在成周，让儿子去上任。再说召公不是只有一个儿子，若大儿子无能，还会有老二、老三可以胜任的。所以燕国顶替召公去封国的这个儿子绝非平庸之辈。

我在北京琉璃河西周燕都遗址博物馆内见到燕国君王世袭年表，如下图：

燕国世系表

召公 —— 克？ —— 旨？ —— [ ] ——

[ ] —— [ ] —— [ ] —— [ ] ——

惠侯 —— 厘侯 —— 顷侯 —— 哀侯 ——

郑侯 —— 缪侯 —— 宣侯 —— 桓侯 ——

庄公 —— 襄公 —— 桓公 —— 宣公 ——

昭公 —— 武公 —— 文公 —— 懿公 ——

惠公 —— 悼公 —— 共公 —— 平公 ——

简公 —— 献公 —— 孝公 —— 成公 ——

湣公 —— 厘公 —— 桓公 —— 文公 ——

易王 —— 燕王哙（子之） —— 昭王 —— 惠王 ——

武成王 —— 孝王 —— 燕王喜

召公的长子到底是克还是旨？燕国的第一代实际的君侯是谁？克和旨是否是同一个人？

燕早期古墓群251号大墓出土了一件青铜器，名伯钜鬲，此器美轮美奂，是为国之瑰宝。有专家认为，这件青铜器铭文中的“伯钜”二字就是指堇鼎铭文中提到的太子癸，并认为他就是召公长子、首任燕侯“克”的儿子，正因为癸的早逝，才造成克与旨的兄终弟及。这样的推测有些牵强，无论是名还是字都相差千里，众多的考古学家还是不太认可这种推测，毕竟没有史料记载，时隔三千年，没有更多的证据来佐证是不能定性的。

因为燕国的历史实在是一个谜，大家倒希望这种推测是可信的，如果真是这样，燕国的历史也就清晰多了。可是随着考古的深入，也随着燕早都 1193 号大墓打开，人们又对以上的猜测表示质疑。根据出土的克盉、克罍的铭文记载，可以印证召公是由元子，即长子即封的史实，而且提出了燕国早期世袭的问题。根据传世的燕国青铜器的研究，与克时间相先后，还有一位燕侯旨，他们之间的关系，有人认为是同一个人，“克”和“旨”，一个是名，一个是字；也有人认为旨应该晚于克，并且很可能是他的弟弟，即第二代燕侯。后一种观点和文献中燕自桓侯以上“皆父子相承，无及”的记载相矛盾，所以燕国的第一代君主到底是谁还是一个未解之谜。纵横幽燕八百年的历史，也是一笔丰厚的文化宝藏，它留下的文献资料、文物古迹都在向我们诉说着这个坚韧的周王室同姓诸侯国不为人知的往事。古往今来，许多史学家都对燕国的历史表示头疼，燕国的第一代君王是谁都搞不清楚，对燕国的历史无从下手，可不是让人头疼？司马迁对燕国的历史记载也较为模糊，他那时候能收集到的资料，以及准确性肯定比我们现在更多、更高一些，但还是没有更多的信息呈现出来，虽也花了重墨，却少有出彩，以至于今天许多史学家认为燕国历史没什么内容可写。其实，不出彩才是最精彩的，值得人们为之细细品读。

史官似乎不愿意多为燕国费笔墨，燕国的历史几乎都是一笔带过，但作为中华文明的一部分，燕国在八百多年的历史进程中，还是留下了许多丰富的历史遗迹，创造过辉煌的历史文化，为后来人留下遐想和探寻的空间，也在隐隐中引导着人们安居、平和、长寿以及保存实力的秘诀。燕国秉承的敬德保民、选贤任能、励精图治的治国理念和崇尚不畏强暴、慷慨悲歌的燕赵之风，留传至今，也为我们留下了一笔宝贵的文化遗产。

燕国是一个经历了西周、春秋，又经历了战国三个时期八百多年历史的老诸侯国，燕国的国君是周王室的后裔。从立国以来，除了最初一百多年因为有着周王室的照顾，更准确地说是燕国的开国君主燕召公奭的拂照，燕国度过了开国后最艰难的时期，逐步进入稳定，这一稳定就是八百多年，虽说有些奇异，但它还是艰难地一路走来，燕国和它的开国君王一样，长寿得让人感觉夸张至极、不可思议。这是历朝历代历位君王梦寐以求的事情，哪怕没有惊天伟业，哪怕没有繁荣昌盛，哪怕没有浓墨重彩，只要世代平安，活上个千八百年，这也是一场浩瀚的修行。燕国做到了。召公得有多大的荫功才能护佑他子孙的百世基业啊？

在这里得详细介绍一下燕国最伟大的一个人，也就是燕国的开国君主——召公奭。《史记·燕召公世家》介绍：“召公奭与周同姓，姓姬氏。周武王之灭纣，封召公于北燕。”《论衡》记载：“召公，周公之兄也。”燕都遗址多处介绍取召公乃周公之兄。不论召公与周同姓也好，还是周公之兄，总之召公姓姬，比周公年长。周文王的儿子众多，尤其是与结发之妻太姒生有十几个儿子，召公和周公能得到文王、武王的信赖，并将燕地和鲁地这两个重要的地方分封给他们，还允许他们不去上任，继续留在镐京任要职。召公和周公都是周初三公之一，我们完全有理由相信召公奭就是周文王和太姒的儿子，周武王的亲兄弟。即便召公奭是周武王和周公旦

燕昭王塑像

同父异母的亲兄弟，也丝毫不影响召公在周武王心中的位置。总之，他们是一家人，是兄弟关系，是姬姓。

召公奭在周初灭商是立过大功的，所以武王姬发灭商凯旋的路上就将燕地许给召公奭。按正常情况，受封的诸侯是要回到封地治理自己的领土的，而召公奭和周公旦都选择了留在镐京继任官职，让自己的儿子替自己去领地担任实际上的第一代君主。这种做法有几个好处：一、以表衷心，不会叛国。二、大权在握，可保自己的领地安宁。三、可以大展宏图施展才华，将治国理念融会贯通，并有效实施。四、既辅佐了周王室，还能赢得好的口碑，流传千古。召公和周公留在镐京，确实收效很大，召公担任太保，周公担任太师。而由于周公和召公长寿，武王去世得早，成王年幼，他们虽说辅佐成王，实际上是真正的掌权者。再到康王时更是如此，论年龄，他们是长者；论辈分，他们是叔叔、爷爷辈；论资历，他们够老；论亲疏，他们够亲近；论能力和实力，以及经验，他们就是国家的根基，他们制定的政策就是国策；论亲民，三千多年过去了，人们至今还在念叨周公和召公，影响力远在成王、康王之上。想必当时更是如此吧！他们代表天下之主，挥手间就可以号令天下。他们统领全国，瞬息间可以改变世界。周公、召公虽不是周天子，实际上他们的权力已经是让周天子也惧之三分的地步了，因为他们是成王的叔叔、康王的爷爷。又因为他们的权力极大，加上辈分极高，而且功高盖主，所以后面才有蔡叔、管叔反叛事件。成王年幼，周公、召公代天子而理政，管叔、蔡叔等人认为周公、召公要取而代之，发动叛乱。

像周公、召公这样的情况在周初分封的几十个同姓同宗的诸侯国里是比较特殊的，足以说明周公、召公在当时是有着极为重要的政治地位和巨大影响力的人物。

果然，周初的一百多年中，周王朝和燕国、鲁国（周公的封国）都在平稳发展，政治清明，这些都跟周公、召公的治理、庇佑有关。周公制定礼仪，召公负责实施，“自陕以西，召公主之；自陕以东，周公主之”。可想而知，这两个人对周初期的影响有多大。

传说周公活了九十九岁，召公活了一百八九十岁，周公辅佐文王、武王、成王、康王，而召公应该辅佐的周王至少有六七代吧！这也就能解释为何燕国初期的历史被一笔带过“自召公以下九世至惠侯”。召公能活到一百八九十岁这个是有些夸张，可信度不高，历史如此之写也肯定有依据，至少我们知道召公是绝对长寿的。以周文王十三岁生伯邑考来算，召公若十三岁生长子姬克（旨），他一百多年也应该经历了七八代人，若召公真如历史所载，活到了一百八九十岁，燕国经历八九代是再正常不过的了。因为召公、周公的威望，庇佑自己的封国和子孙，国家再乱，也还在他们的可控范围之内，尽管相隔千里，相信周公和召公也是可以力挽狂澜稳住国之重心的。

燕国的历史是从燕惠侯（前864）时期算起，到燕王喜灭国（前222），这中间有六百四十二年之久。燕国二百年的历史空白并不等于燕国没有大事，无须记载。越是这样，越证明燕国在这期间发生了许多重大的事件，或许就是燕国自己的内乱吧！主要表现在父子相承和兄终弟及的问题上，召公能治理天下，不一定能治理得了自己的儿子。如同齐桓公和赵武灵王一样，父亲英雄儿不一定是好汉。燕国一定是经历过大的事件，也许有意隐瞒，不想让世人知道。

残长城遗址

因为燕国秉承的是周天子一脉相承的礼乐文化，如果在燕国存国期间发生过一些有悖礼乐文化的事情是为当时周朝和燕国所不齿的，也是令其他诸侯国所不齿的，所以索性就不记载了。这样一来，后世的史学家自然找不到文献来续记，也就一笔带过了。也许因为有着不光彩的历史，召公不愿意留下给后人评说，索性就毁掉了这一段历史，让世人猜测去吧！

燕国虽有召公庇佑，但在西周、春秋时期国势较弱。因为每一个诸侯国的国土面积有限，想强势也不可能。直到战国时期，燕国也学其他国家进行变法，取得了一定的成效。

这个成效到底有多大，这个变法运动对燕国有多少影响都不得而知，甚至燕昭王利用乐毅变法的事情都很少有人知道。但是不管怎么说，这个短暂的且不彻底的变法还是让燕国的国力逐渐强盛起来，但也不曾真正的强大到独霸一方的地步。在更多的时候，燕国还是只能自保。

有专家学者推测说燕国立国之初，没有安排史官，没有记载下这二百多年的历史。或是，燕国这段时间与北方及周边其他民族之间相处得并不融洽，这里面或许有许多屈辱之事，燕国不愿意留下这不光彩的一笔。因为他们始终感觉自己是贵族，就要有贵族的姿态，不光鲜的历史是要被摒弃掉的。总体来说，燕国在八百多年的历史长河中，没有大的发展，也没有大的变化，既不失老贵族高贵的遗风，又有着一些被地域和周遭的同化，最主要是骨子里还是有些小算盘，既想建立丰功伟业，又想不劳而获。这在燕国历史上时有发生，可并没有获得过大的胜利，往往都是偷鸡不成蚀把米，却也因为在这些事情上有了行动吧，居然也跻身到战国七雄之行列。

古燕长城烽火台遗迹

春秋五霸指的是人，他们分别是齐桓公、宋襄公、晋文公、秦穆公、楚庄王，战国七雄指的是国，秦国、齐国、赵国、魏国、楚国、韩国、燕国。在七雄里燕国应该是很弱小的，战争频仍、经常战败，却还能存活，这也是一种能耐吧！

西周初年，燕国的具体疆域不详，据燕上都遗址考古挖掘的青铜铭文记载，大致统领有六邦的土地和民众。“天子之制，地方千里。公侯皆方百里，伯七十里，子男五十里，凡四等。不能五十里，不达于天子，附于诸侯，曰附庸。”“公之城盖方九里，宫方九百步；侯伯之城盖方七里，官方五百步。”这样看来，燕国早期的疆域非常有限，不过百里。后来不断向冀北和辽西发展，消灭了蓟国、韩国及方国部族孤竹、令支、无终等等，将其归为麾下，于是燕国的疆域就呈几何式增长。到战国初期，燕国的疆域大约包括今河北省的北部和山西省的东北部，东北和东胡接界，西和中山、赵接界，东靠海，很大一部分和齐接界。到战国中期，据《战国策》记载，燕国“东有朝鲜、辽东，北有林胡、楼烦，西有云中、九原，南有滹沱、易水”。这可能是燕国疆域最大的时候。燕国能将一亩三分田扩展到如此规模，证明燕国的国君不是无能之辈，也是经历过一代又一代人不懈努力才能取得如此骄人成绩的。

我们在其他地方看到有僭越的现象，如秦景公一号大墓，无论是人殉葬或车马坑，那分明是按照天子的礼仪下葬。我们在楚国都城郢都熊家冢发现的车马坑，在齐国都城临淄区齐都镇河崖头村发现的齐景公杵臼的殉马坑，等等，都超越了诸侯国应有的规模和制度。燕国古墓至今没有发现有很明显的僭越行为，这个迂腐的燕国秉承着优良的习性，遵循着历史的游戏法则，谨言慎行，这也是燕国的美德吧！

燕国简史

燕国 800 年里，大事不多，第一件大事就是召公封国，大约是在公元前 1046 年，召公协助周武王伐纣，灭了商王朝以后随即被分封在北燕。召公没去上任，而是让自己的儿子克（旨）上任为第一代燕国国君。也有说是克死得早，兄终弟及，燕国的第一代国君应该是克的弟弟旨，还有说“克”和“旨”都不是燕召公的儿子，有可能是孙子或其他身份。这个问题目前还没有定论。

燕国第二件大事是 400 年以后的事了。公元前 664 年，北方强大的游牧民族挥师南下，攻打燕国，燕告急于齐国。公元前 663 年，齐桓公举起“尊王攘夷”的大旗，率大军北伐山戎，至孤竹国而返，解救了燕国的危机。燕庄公为了感激齐桓公救燕国的壮举，送齐桓公入齐境，齐桓公说：“非天子，诸侯相送不出境，吾不可以无理于燕。”于是，齐桓公把出境之地划给燕国，燕国甚是感激，随后在这片土地上筑城名曰“燕留城”以兹纪念。诸侯听说这一事件以后，都纷纷去齐国朝见齐桓公，这也是齐桓公在历史上相当得意之事。

以上这两件大事，说是大事，其实也不大，第一件事是一种必然，周灭商战争其实主要人物都是姬姓家族成员，姜太公吕尚虽是个外姓人，却也跟周有着亲属关系，据说周武王姬发的妻子（王后）邑姜就是吕尚的女儿，吕尚是周武王的老丈人、周成王的外公。周初参与过灭商战争的家属亲眷都有分封，召公又是其中的重要人物，分封是在情理之中的事情。这里之所以提出来作为燕国大事也不过是引出燕国历史开端而已。首先有国才有历史。

第二件大事真算不上是燕国的大事。从春秋到战国，一个国家受到威胁，其他国家纷纷相助这是再正常不过的事情了。这个事情的重要性不在燕国遭到北方游牧民族的侵略，而在于齐桓公的大道之义和君子风范，成为历史上非常经典的礼仪典范。这跟燕国的辉煌没关系，跟燕国的大事记也没关系。

第三件大事对于燕国来说确实是大事，就是燕国的子之之乱。这原本是不应该发生的可悲可笑之事，纯粹是没事找事吃饱了撑得慌的一曲闹剧。此事没为燕国添砖加瓦，也没为燕国争得名利，却是一盆狗血。

齐桓公救燕又过了300年，进入战国时期，燕国出了一个愚蠢至极却自以为聪明绝顶的君王叫姬哙。姬哙很有想法，一心想做一个圣人，却不在自身修养上下功夫，而是虚情假意学禅让，结果真把国家让出去了，导致燕国足足混乱了5年。公元前320年，燕王哙即位，宠信丞相子之，即位两年后，听信苏代和鹿毛寿等人的蛊惑，让他效法尧舜，把王位禅让给丞相子之。燕王哙虽说一心想当圣人，但是也害怕真把王位让出去了姬姓就断了祭祀。鹿毛寿和苏代说，这种禅让只是走一个过程，子之肯定不敢接受，你既有贤德之名，又做了贤德之事，还保全了王位，这是多么伟大的一件事啊！于是，姬哙就真将王位让给了子之，自己面北称臣，国事皆由子之决断。从古至今所有人都能看出来这是一个巨大的阴谋，只有姬哙当局者迷。果然，子之愉快地接受了禅让，没有丝毫的不敢，姬哙这一让就真让了，子之丝毫没有还政的迹象。

公元前 315 年，太子平与将军市被谋攻子之，国内大乱，百姓恫恐，离心离志，齐国趁燕国内乱，令大将匡章率五都之兵和北地之众共同伐燕。燕军大溃，燕王哙和子之都战死在城中，齐军获得大的胜利。这一次，燕国国土被齐国、中山等国瓜分得所剩无几，燕国几乎灭国。燕太子平即位不久就死了。前 312 年，赵武灵王联合魏、楚、秦、韩等国一起进攻齐国，护送在韩国做人质的燕公子职回国即位，是为燕昭王。在燕昭王励精图治发愤图强的一系列举措下，弱小的燕国才得以保全，壮大起来。

现在细想起来燕王哙想效法古代的帝王禅位给有作为的大臣子之，不仅仅是想让天下人称颂他的美德。从历史的蛛丝马迹中我们都能看出来这件事情不完全出自他的本心。因为此时子之在燕国地位很高，权利很重，说白了燕王哙根本就不是子之的对手。外加上子之有野心，如果反叛，燕王哙也只有死路一条。这时候还有苏代和鹿毛寿帮助子之，将姬哙彻底架空，姬哙不如此之做又能如何呢？

燕国前任国相苏秦和子之是儿女亲家，苏秦在为燕国游说齐国时被齐国人杀死。齐国人杀死苏秦却又任用了苏秦的弟弟苏代。苏代不可能没有给哥哥报仇的欲望，尽管燕国跟齐国也有着深仇大恨，但是以燕王哙的所作所为来看，为苏秦报仇的可能性不大。就在此时苏秦的亲家子之给苏代送了一百镒钱，想拉拢苏代。苏代本身就有二心，于是听从子之哄骗燕王。外加上燕国大臣鹿毛寿也给燕王哙吹耳边风。这两人一夹击一忽悠，燕王哙或许当时被他们灌迷魂汤灌糊涂了，或许真是无奈之举。反正一步步按照别人的计划将王位禅让出去了，导致燕国大乱。而后又发生了叛乱，燕王哙也死于战乱之中。

这件事情虽是燕国的大事，却是很不光彩的一件事，若是召公在世，估计这段历史又会被深埋在历史之中吧！

燕国的第四件大事也还比较有分量，就是秦开却胡事件。

燕国处在中国的北部边缘，长期遭受东胡的侵扰，燕昭王即位之初，燕国刚刚经历了内乱，国力虚弱，不堪东胡侵扰，于是燕国将大将秦开送给东胡做人质。秦开在胡地深受东胡的信任，使得秦开有机会对东胡的地理、军事、风土人情有详细的了解。大约过了 12 年，秦开通过在东胡结交的好友的帮助和掩护，逃回了燕国。此时燕国在燕昭王的治理下已经国力大增，准备与东胡决一死战。由于秦开对东胡的了解和对燕国的忠诚，公元前 300 年，燕昭王令秦开率燕军攻打东胡，东胡大败，退却到千余里外的今西辽河上游。这次战役一举解除了燕国北部的外患。为了一劳永逸，秦开站在燕北边地，谋划安定策略，效法赵国，动员军民大修障塞——长城。在修筑长城的过程中又乘胜渡过辽水进攻朝鲜（不是今天的朝鲜，而是殷商移民之住所，史称箕子朝鲜），取地 2000 余里，直达满番汗（今鸭绿江）为界，打开了燕国进入东北南部的通道，并沿边境修筑西起河北北部，东至辽东东部的长城以守北方领土，为燕国后来的破齐大战做好准备，鼓舞士气，增加国力，也为国力较弱的燕国迅速跻身战国七雄打好了基础。

燕国第五件大事还真能算得上是燕国比较光彩的事，可也是虎头蛇尾。燕国最辉煌的事业，莫过于燕昭王利用乐毅变法以后的破齐大战。这次事

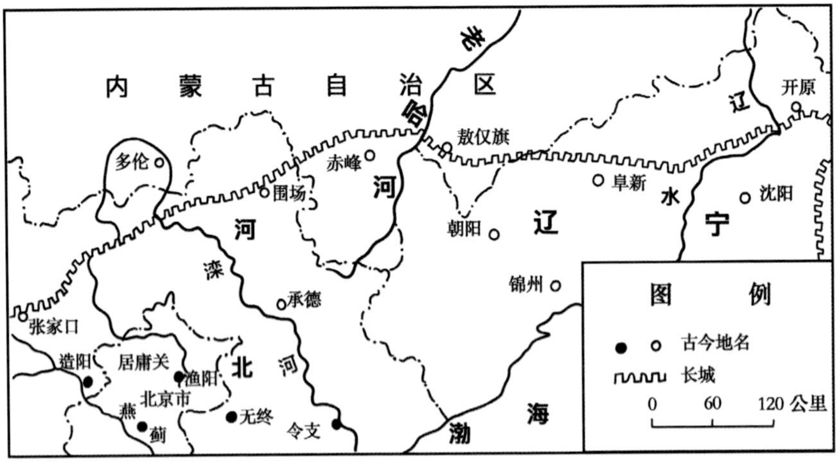

燕长城路线图

件虽说让燕国扬眉吐气、国力大增，但功劳不完全在燕国，而是“鹬蚌相争，渔翁得利”。燕昭王命乐毅为上将军，与秦、赵、韩、魏、楚五国联军合纵攻齐，将齐军主力彻底击溃，破齐 70 余城，最后只留下 3 座小城没能攻破。这场战役应该是燕国发起的，所以在取得绝对的胜利后，燕国亚卿乐毅为了替燕国报以前子之之乱时几乎被齐灭国的血海深仇，于是遣散联军，独自作战。乐毅世称名将，因这次大战一举成名，流芳千古。齐滑王也被难民杀死在这场战役之中。

按说这是绝对辉煌的成就，也是燕国历史上最光辉的一笔。但燕国还是弱，没了联军，乐毅和燕国全军还是拿齐国没有办法。齐国此时只剩聊城、即墨、莒城最后 3 座小城，乐毅攻了 5 年没能拿下，最后居然被齐国的火牛阵反攻，齐国很快收复了所有丢失的土地。

虽然如此，齐国还是从此一蹶不振，此事发生在齐滑王四十年、燕昭王二十八年（前 284）时。而早在 4 年前——齐滑王三十六年、燕昭王二十四年（前 288）时，齐国还在与秦国共同称帝，秦国为西帝，齐国为东帝。

这一仗可谓打得让天下震惊，使燕国这个古老的诸侯国在历史上有了最为光彩的一笔，尽管齐国后来也收复了失地，却到战国结束也没能恢复元气。丢失的士卒才是一个国家最大的财富，这是永远也收不回来的损失。

燕国第六件人事是秦赵长平之战后，赵国几乎被秦国所灭，秦昭襄王没有打算赶尽杀绝，留了赵国一条生路。一向看不起赵国的燕国这时候却盯上了元气大伤的赵国，结果偷鸡不成蚀把米，成了历史的笑柄。

燕国在燕昭王时期打过两次大胜仗，一个是秦开却胡，一个是乐毅破齐。燕国在与齐国打了一场壮烈而漂亮的大仗后尝到了甜头。长平之战之后，秦国没有灭赵，秦昭襄王只是带着刚刚募集的15万新兵去见证秦国的胜利，并没有打算对赵赶尽杀绝。而燕国原本是要跟赵国订立友好盟约的。公元前251年（燕王喜四年），燕王派国相栗腹和赵国去签订盟约，栗腹到赵国走了一遭后改变了主意，回国报告燕王说，赵国的精锐力量，基本都在长平之战和邯郸之战中阵亡了，他们已经弱不禁风，不值得咱们再去跟他们订立友好盟约，这时候恰恰是燕国进攻赵国的良好时机，不容错过啊！

一国国相都如此，可见此时春秋的君子之风已经消失殆尽，燕国恪守的贵族资本在此倒塌。他们眼睁睁看着赵国沉沦，却没有当初齐国围魏救赵的壮举，而是又看到了机会，想痛打落水狗，再次去捡个大便宜。

燕国派栗腹带军攻赵，赵国派廉颇率兵抵御，栗腹和廉颇根本就不是一个重量级的，所以没有悬念，栗腹遭斩，燕军大败。赵国大军不仅把燕国打得无还手之力，廉颇还趁势包围了燕国的都城，只需稍稍一鼓作气就可以消灭了燕国。

为了避免都城被攻破，燕国被灭，燕国任命将渠议和，赵国同意了这一请求，解除了对燕国的包围。

这件事情真不光彩，燕国欺负赵国壮年人都死在长平一战之中，国中只剩下老弱妇孺，以为赵国不堪一击。这完全是燕王喜的一厢情愿，当时昌国君乐间，还有大臣将渠都劝过燕王，燕王认为 5 倍于赵的军队，哪有不胜之理？这件事情跟这个尚儒尚德的老诸侯国很不匹配。结果果然燕国不但没占到便宜，反而被赵国临时组织起来的 80000 人马奋死追杀至燕都，迫使燕王不得不割地求饶。这次燕国差点为它这个不光彩行为付出了灭国的代价。

燕国也是经此一战，直到被秦王嬴政消灭掉，也没能恢复元气。

燕国最后一件大事就是战国末期的荆轲刺秦。公元前 227 年，秦军攻破易水，燕国危在旦夕。燕王喜是一个唯利之人，经过与赵国的那一仗，燕王喜早都吓破了胆子，根本无力也无心跟秦军作战。燕太子丹曾在秦国为质，对秦国的国力了如指掌，再看秦国四面开花，野心勃勃，太子丹知道谁也挡不住秦一统天下的步伐。但是坐以待毙不是一个血气男儿的作为，于是，太子丹让荆轲和秦舞阳（秦开的孙子）带着燕国地图和秦国叛将樊於期的头颅觐见秦王嬴政，伺机刺杀秦王。这次行动虽说没能成功，却也是燕国的历史上很重要的一笔。这一笔不是燕国国君和太子有多么能耐，而是成就了荆轲这个勇士，成为千古英雄。

这件事情还是蛮有意思的，也为这个国家的倔强和顽强的生命力抹上了一层可以理解的光环。荆轲成了英雄，太子丹比燕王喜更让人铭记。

后人欣赏太子丹在邦国存亡之际还有这份心力和勇气去做最后一分努

力，即使这个努力是徒劳的（因为即使荆轲刺杀秦王成功了，也改变不了燕国灭亡的命运），却也让历史记住了这个无奈却又勇敢的太子。只可惜这个可怜的太子没有死在秦军手里，却死在了自己父亲的手里。燕王喜担心秦国出兵攻打燕国，便杀了自己的儿子丹，将丹的头颅献秦军以求和，使得这个有着高贵血统的姬姓王子无辜又无奈地白白牺牲，尘封在历史的长河里成为定格。

以上几乎是燕国八九百年里还能让人记住的几件大事，这些所谓的大事多半都是狗血的，不值一提，有血性的事情不过一二，这让史官如何写？燕国虽说有着高贵的身份和血统，却没有几个称得上高贵的国君，也没做过几件高贵的事情。这不是燕国国君的错，也不是燕国人民的错，而是燕国根深蒂固的迂腐观念和画地为牢的禁锢思想作祟。这些从燕国对待后来崛起，没有周王室血统，靠不忠立国的赵国的态度就能知道全貌。燕国虽弱，却始终看不上赵国，他跟周围所有的国家都有过友好的关系，就是跟赵国始终不睦。燕国人看不起赵国对晋君的不忠，看不起赵国的乱政和不讲规矩。纵观历史，赵国从一立国就很强大，而弱小的燕国却始终咬住赵国不放。尽管无数的有识之士都劝过燕王挑衅赵国弊大于利，却始终没能改变燕国与赵国为敌的态度。这可能是老牌周王室诸侯国对后来崛起又不讲规矩的强大邻国抱有强大的妒忌和蔑视的原因吧！

燕国的主要几件大事都发生在战国晚期，前后不到100年，而在燕国八九百年的历史里，除了燕国第一任国公燕召公是一个被人称颂的德才兼备的人物以外，燕国历史上有作为的君王几乎没有了。只是燕国没有太多的大起大落，也算国泰民安，安然度过了八九百年，直到被秦所灭。

《史记·苏秦列传》记载："夫安乐无事，不见覆军杀将，无过燕者。大王知其所以然乎？夫燕之所以不犯寇被甲兵者，以赵之为蔽其南也。秦赵五战，秦再胜而赵三胜，秦赵相毙，而王以全燕制其后，此燕之所以不犯寇也。且夫秦之攻燕也，逾云中、九原，过代、上谷，弥地数千里，虽得燕城，秦计固不能守也。秦之不能害燕亦明矣。今赵之攻燕也，发号出令，不至十日而数十万之军军于东垣矣。渡呼沱，涉易水，不至四五日而距国都矣。故曰秦之攻燕也，战于千里之外；赵之攻燕也，战于百里之内。夫不忧百里之患而重千里之外，计无过于此者。是故愿大王与赵从亲，天下为一，则燕国必无患矣。"

这一段说得很明白，燕国的强敌就在家门口，就是赵国，苏秦希望燕国和赵国和睦，然燕国还是亲秦、亲楚、亲韩、亲魏，远交近攻虽也是战国的战略之法，但燕国并没有利用好远处的盟友，使得自己始终被动。

燕国的灭亡也算是一种"圆满"了吧！没有比燕国更长寿的国家了，它的长寿跟它的开国之君燕召公一样，让人感到浮夸，但召公活了一百八九十岁不可信，燕国存国八九百年却是事实。这是战国晚期一个比较典型的迂腐的国家，它的迂腐都到了让世人啼笑皆非的地步，正所谓憨人有憨福吧！正是这种憨劲儿才使得燕国自娱自乐，不在其他国家重重打击的范围之内，所以才得以保存的吧！当然，燕国能存活如此之久，不只是它的命好，这个国家还是很有韧性的。尽管国君都比较柔弱，但是在关键的时候还是要反扑一下，为自己抢得一线生机的。尽管活得没能大富大贵，却也平安祥瑞，也算是最好的结局吧！

司马迁对燕国的现象好像也不愿多说，将燕国的长寿无奈地说成是燕召公的仁德所致。我们也姑且就这样说吧！

最魅的长城——燕长城

燕地紧邻北胡、东胡，按照常理，应该是会很早修筑长城防御外敌的，可燕国却是战国时期最后一个修筑长城的国家。其原因可能跟燕国国力虚弱，加上偏安一隅有关吧！后面之所以修筑长城，是因为燕国有过短暂的辉煌，这个辉煌取决于两个人，一个是秦开，一个是乐毅，他们是同一个时期，辅佐同一个君王的大才。其实一个国家，只要哪怕一两个人得力，君臣齐心，照样可以强大起来。

燕长城的修筑没有非常准确的时间，有记载是秦开逐胡千余里以后开始修筑长城，使其成为燕国北方的屏障和堡垒。如果此说法正确，那应该是在燕昭王中后期的事情，秦开迫使东胡北退千余里，又渡过辽水进攻箕子朝鲜，直达满番汗为界，据有辽宁全境，并开辟辽东，置上谷、渔阳、右北平、辽西、辽东5郡，筑燕长城守之。《史记·匈奴传》对此事有过记载，但是时间不明确，秦开破胡的时间大约是公元前300年，这也是根据其他辅助资料推算出来的。秦开前面有过介绍，燕国的大将，对燕国忠心不二，虽作为人质在东胡多年，却始终没忘本，他是后来和荆轲一起刺杀秦王嬴政的秦舞阳的爷爷。如秦国蒙氏家族和王氏家族一样，也是几代英豪。

秦开夺得北方众多土地以后，为了巩固边防，于是率军民在北境修筑了燕北长城，使之成为中国最早的长城之一。燕长城是战国中晚期修筑的，详细算来，燕国是战国最后一个修筑长城的国家，但这段长城有着划时代的意义。一个古老正统的诸侯国，不屑跟其他国家同流，当其他国家都在奋发图强使得国力强大的时候，燕国偏安一隅，不屑一顾，却也自给自足，得过且过，跟它的本尊周王室如出一辙，之所以战国中晚期崛起了一阵，那纯粹是一个偶然，八九百年，流淌的都是周文王的血液，总会出几个刚毅有血性的国君吧！但它又不同于周王室，周王室是本尊，再弱它也是老大，随时发号施令还是会有许多诸侯国响应的。再说周王室实在太弱，它不会主动发起战争，其他诸侯国基本上也不愿承担灭周的罪名，因此周王室能得过且过。燕国虽说是老牌诸侯国，但却没有周王室的威信，跟其他诸侯国是平起平坐的，不存在谁尊敬谁，谁惧怕谁，谁谦让谁，要想生存，还是要奋起挣扎的。所以燕国有过短暂的辉煌。

好在是燕国在这个短暂的辉煌时期思想走向了正规，思维也跟上了时代的步伐，长城的诞生就是燕国最大的进步之一。

燕长城自造阳（今河北省张家口附近）至襄平（今辽宁省辽阳一带），城宽 4 至 6 米，高不下 5 米，可以 5 马并骑、10 人并行，燕长城全长 1000 余公里。治北境，建五郡，拓疆土，筑长城，这些都是秦开的功劳。

秦开所修的这段至今我们还能看到其威武的长城为燕北长城，燕北长城不是为了防内敌，而是为了防外患，所以在燕国的北部，整体呈东西走向，由河北省张家口到沽源，向北到太仆寺旗，而后再向北过木兰围场，进入内蒙古自治区赤峰市北梁，进入辽宁省建平县境，经由热水乡、烧锅营子乡、二十家子诸乡镇后入内蒙古敖汉旗境内；从敖汉旗宝国吐苏木荷叶花嘎查延伸进入辽宁省通辽市奈曼境内土城子乡的高和，到库伦旗，再转而向东北延伸，然后进入辽宁省阜新县境内，最后止于辽宁省辽阳市和马鞍山市之间。这就是燕北长城的走向。

这段长城大都沿着山脊而修筑，但燕长城太过于独特，全部在陡峭的山顶上。按说赵长城也在北部山峦之巅，但是没有燕长城这么陡峭。我曾经在内蒙古赤峰红山水库附近上山寻找燕长城，本来还有两位男士同行，他们走了一阵，看到对面的山就绝望了，在路上遇到一个山民户大姐愿意为我带路，两个男士就自娱自乐去了。户大姐和其丈夫是挑山工，常年行走于山间，七拐八扭就把我弄丢了。有一段全是岔路，户大姐习惯于低着头走路，而我习惯于东张西望寻找目标，一眨眼户大姐就不见了，等我决定向一处馒头似的山梁顺着下去时，发现是一个大抹坡，而且光秃秃的，坡底下是悬崖，悬崖底下是水库。悬崖有多高我是没法看到的，糟糕的是我慌不择路摔了一跤，差点滚了下去。户大姐听到我的喊声，快步跑过来将我拉了上来。而此时我的照相机滚了下去，我居然没听到任何声响，可想而知这个山崖有多么高和陡峭。如果不是特别高，相机滚落下去无论是碰到山崖还是掉进水里应该是能听到声音的，更何况我拿的是专业大相机，加上镜头，至少有 2 公斤的重量。

燕长城处处都体现它的陡峭，在北京西昌山顶上，无论是八达岭长城还是残长城，都相对能平缓一些，恰恰是早期古燕长城遗址往往因为山势陡峭而不能达。我力图寻找最原始的，没经过改造和维修的早期长城遗址，它们许多都被遗忘、遗弃。长城一般都在人迹罕至且艰险的山脊，很难开发利用，加上中国的长城实在太多，尤其燕长城附近还有其他长城，燕长

北京西山古长城

城遗址又没有连贯性，寻找都很难，想必开发利用就更难了吧！所以只能荒废。

燕长城所处的范围内长城遗址尤其多，因此寻找燕长城遗址确实是一项苦差事，我不下 10 次去考察燕长城遗址，却有一多半的时候与它擦肩而过。有时翻山越岭走了一天的路，好不容易快到目的地，山路突然中断，被水库或者断崖截断，若再绕路过去，需要七八个小时，而且容易迷路。人少，在山里过夜是很危险的事，山里也没信号无法导航和定位，只得无功而返。有一年冬天，刚下过雪进山，我从北京西昌长城峪南口战役纪念碑处向东北进山，走了四五个小时都见不到一个人，山大沟深，寒鸦凄厉。临近目的地时被一个大水库挡住了去路。若要绕水库还需要3个小时左右，加上爬山，还没到达目的地天就黑了。于是试图从水库水面上走过去，因为水面上结冰了，刚走出几步，被一个当地人叫住了，说水库冰不均匀，根本走不过去，我只好放弃。所以燕长城的考察是很艰辛的，因为它几乎都在峭壁险峻的山冈上。好在燕长城跨度大，断断续续也还是考察了一些。

燕长城在辽宁省朝阳市建平县烧锅营子乡境内有很长的一段，断断续续长达10公里之多，坍塌毁坏严重，长城墙体表面用大石压缝砌筑，也有用砖土砌成，更多的是剩下一堆废墟和土埂。保存下来能目测的城墙大致宽2.5米，现存城墙高1米到3.5米不等，石墙蜿蜒在起伏连绵的山冈和深谷之中，宛如一条中国龙盘绕在崇山峻岭之间。站在山底看长城，它如同一个变异了的拦路虎，威武凶悍，让人望而生畏，尤其残缺裸露在外却又

赤峰境内燕长城遗址

坚决屹立在山顶的墩台，那种雄壮和威武以及刚毅让人看一眼便瑟瑟发抖，如同誓要“壮志饥餐胡虏肉，笑谈渴饮匈奴血”的岳飞手里的沥泉枪般寒光闪闪，十步杀一人，千里不留行的决绝。威风凛凛，杀气腾腾，以随时备战的姿态昂首挺胸，不容侵犯，龙盘虎踞，气势如虹，令人望而却步。这可能也是长城的功效之一吧！首先从气势上就压倒了敌人。攀到山顶，脚踏长城，举目千里，胜利者的喜悦油然而生。古老的长城，有着残缺的威严，山山岭岭尽在眼前，如诗如画的山峦起起伏伏，如同远征将士胸腔的热血翻滚，郁郁葱葱的林海似千军万马凯旋……站在瑟瑟秋风中，远望长城古道，很容易想象出当年阴云密布，狼烟四起的景象。火光中一闪，秦开金戈铁马，如犁铧般拨开尘土，高山河川，一路烟尘，挥王者之师扬戈征西，雁门关外，英雄的神箭穿云射月，斩落胡虏于千里不渡，这种感觉只有站在燕长城上才会深有体会。再怎么颓废的人，站在此处都会陡增雄心，奋发激进。这就是燕长城不同于其他长城的美妙之处。

燕长城虽说修筑得比较晚，但是功效是比较大的。燕长城、赵长城及秦长城将整个中国北部都围了起来，为中原发展赢得了宝贵的时间。正因为有了北方完整的防御体系，巍巍大中华在经历过无数沉浮以后还是如同长城一样千年万年屹立不倒，中国人民千代万代也如同长城般刚毅勇敢，百折不挠，无坚不摧，勇往直前直到永远。

《全辽志·边防志》载：“毕恭守辽东，始践山因河，编木为垣，久之乃易以版筑，而墩台城堡，稍稍添置。”又载：“至毕恭立边后，将辽河套置于境内。”说的是在明代正德初年（1506）李承勋任辽东巡抚，还修缮过燕长城。其实从秦代一直到明清燕长城都在发挥作用，秦万里长城

昌平燕长城遗址

就有许多是直接利用的燕长城，而明长城又是在秦长城的基础上修缮和扩建，所以现在网络和一些书籍写燕长城配图直接用的明长城也没错。

明代修缮和扩修的燕长城大概是自辽阳三岔河北边墙西自白土厂关顺辽河西岸南下，经黑山县东边壕，台安县大台子、六台子，至海城市牛庄镇西北越过辽河，再折向东北，顺辽河东岸至开原、昌图县境，止于镇北堡。由于这道长城向南绕了一个大 v 形，依辽河东西两岸而置，故称“辽河套长城”，延亘 250 多公里。

燕国历史虽说有些混沌，燕国的国君也没几个清明，但燕国确实给我们展现了一幅优美的长城画卷，为中国长城增加了光辉绚烂的一笔，实则不易。

燕国不只是修了雄关漫道真如铁的北长城，在此之前还修筑过一段南长城。这段长城西起狼牙山科罗坨的第二山峰，经柳泉到塘湖，沿着南易水北岸向东蜿蜒盘桓，经徐水、安新、雄县，进入河北廊坊，止于大城县的子牙河西岸，全长约有 250 公里。这段长城遗址虽说毁坏厉害，多半和大地融为了一体，甚至成了农田、林郁，但还是有迹可循。因为这一段几乎都是土筑城，以至于一直以来都被人们误以为是土堑或堤坝，其实这段长城的前身就是易水堤防，后来国家在易水堤坝的基础上修建、扩建，由于是就地取材，土夯城为主。经过 2300 多年的风雨洗礼，能保存下来回归堤坝的模样已经相当不错了。

燕南长城的功效主要是防止齐、赵、中山、韩、魏等国的侵犯，是保卫燕国都城的一道屏障。当时燕国弱小，周边都是大国。春秋时期打仗还有君子之战，到战国时期，尤其是战国中后期，打仗就成了弱肉强食的自然现象，要想生存，只有靠自己的能力。没思想没能力的国君，只会蛮干误国，如同秦悼武王一样，弱者求生存首先要保存实力，要让自己安全才能长久，打不过敌人或者敌人太多，至少要先穿一身铠甲作为保护吧！这就是燕南长城的功效。

赤峰境内燕长城遗址

智慧加武力方能强大。燕昭王时期借用外在力量，也是一种智慧，所以南、北长城几乎都是在这个时期修建起来，前后相差不过几十年。一代贤能，可以庇佑数代安宁，燕国就是这样。

燕南长城原本被人遗忘，约10年前吧，由于南水北调工程要从易水经过，原本以为这里只是一段废弃的堤坝，为了工程施工，是要将这个堤坝毁掉。由于有一节分土层抹坡裸露在外，有人怀疑这可能会是文物，于是让文物部门抢救性挖掘，才将燕南长城刨了出来。发掘报告称，燕南长城大体是沿瀑河（南易水）北岸断崖而建，走向随地形情况而定，弯曲不直，墙基宽约4米。采用版筑法，墙体外侧尚存板痕，夯层之间有铺草痕迹。夯具为束夯和棍夯两种等等。山上的长城依旧是就地取材，用石块筑成……

燕南长城和燕北长城一样，也没有明确记载的修筑时间，据《史记·张仪列传》记载，张仪作为一个说客，向燕昭王说："今大王不事秦，秦下甲云中、九原，驱赵而攻燕，则易水、长城非大王之有也。"说明这时易水一带早已筑有长城。此时张仪劝说六国连横，应该是在燕昭王元年（前311）的事情，证明这段长城不是燕昭王时期修筑，应该要更早一些。《史记·苏秦列传》记载苏秦合纵游历到燕国，跟燕文公的一段话："燕东有朝鲜（箕子朝鲜）、辽东，北有林胡、楼烦，西有云中、九原，南有呼沱、易水，地方二千余里，带甲数十万，车六百乘，骑六千匹，粟支数年。南有碣石、雁门之饶，北有枣栗之利，民虽不佃作而足于枣栗矣。此所谓天府者也。"

这段话里没有提到燕北长城，也没有提到燕南长城，因为此时是燕文公二十八年（前334），燕北长城是公元前300年以后修筑，燕南长城应该是在公元前334年到公元前311年之间修建，更准确的是应该在燕易王

燕南长城遗迹

时期修筑。因为燕文公跟苏秦说完这段话后一年多就死了，燕易王接位，燕易王在位 12 年（前 333—前 321），燕易王以后是愚蠢的燕王哙，他在位 7 年什么也没干，就干了学着圣人禅位，结果使得燕国大乱 5 年之久。燕王哙以后是燕昭王，燕昭王元年张仪说燕时，燕国已经有了南长城，所以，燕南长城应该是在燕易王在位 12 年之内修筑的。

从苏秦跟燕易王的父亲燕文公的一段话里可以知道，燕国虽说弱小，却也衣食无忧，幅员辽阔，兵甲充沛，车马富足。人无远虑必有近忧，燕文侯也很焦虑，所以答应了苏秦的合纵之策，为燕国赢得了发展的时间。燕易王即位自然知道燕国的弱势在哪里，若无力驰驱千里，先守好田园家苑，所以此时在都城南垣修筑长城保家卫国，这是再正常不过的举动了。

燕长城建成以后，自然成了燕国都城最有效，且有力的铠甲。南有易水阻隔，北有峭壁当天堑，如同春秋时期的楚国方城一样，“楚以方城以为城，汉水以为池，虽众，无所用之”！纵使一代霸主齐桓公进攻楚国，也望而兴叹。燕国拥有护城之长城，其功效如同楚方城，燕都也就成为铜墙铁壁，易守难攻。但从此，燕国也就成了鼓角争鸣、血雨腥风的厮杀之地。秦、赵、燕之间的矛盾愈演愈烈，燕国被打也成了家常便饭。如公元前272年，秦昭襄王帮助韩、魏、楚伐燕。这一次的战争估计矛盾不大，否则弱小的燕国根本经不起以上任何一个国家的一击，何况是战国七雄中的四大强国，占了中国大半边天的强国，灭一个勉强跻身战国七雄的小小燕国，如同大力士和襁褓小儿的较量，若真想教训燕国，燕国也就早早灭亡了。

当然燕国挨打跟长城无关，长城还是为燕国做出了杰出的贡献的。如果没有这几道长城，夹缝中求生存的燕国不一定能坚持到战国晚期成为秦的囊中之物，也就不会有现在的荆轲塔、壮士台等建筑遗存让我们去凭吊怀古，感叹壮士一去不复返的悲壮，燕国在战国晚期的历史也就不会再增加一层浓彩。

我多次到易水探访，时隔两三千年，易水周围还是人烟稀少，田畴舒展，白杨稀落，怎么看都像是古战场，尤其是散落在整个易县的文物古迹，都跟古燕国的历史息息相关，跟远古的战争密切相连。虽没有赵长平之战古战场那么血腥，却也处处弥漫着硝烟往事。有一年深秋我去往易县，在燕下都九女台附近，田间地头四处都是农人正在烧的麦秸垛子，深秋的早晨，浓雾、炊烟，偶有一匹马漫步其中，没有马鞍，没有缰绳，那种战争后的萧条体现得淋漓尽致，让人有一种想哭的感觉。导游给我讲这9个土山包是战国晚期燕太子丹派荆轲刺杀秦王未果，秦军向东进攻燕国，而燕王喜已经向北逃离，太子丹把自己的家丁武装起来抵抗秦军，太子丹在秦军来犯的西边堆砌9个土台，以迷惑秦军，表示燕国准备好了充足的粮草，准备跟千里迢迢赶来的秦军在家门口打持久战。

以上只是一个传说，没有证据可考，却也彰显燕人的血性，很符合太子丹的性格，我想如果再给燕国一些时日，如果太子丹是燕王喜，或者太子丹能顺利即位，会不会又是一个燕昭王呢？这是题外话。但高耸的九女台散落在麦地里，四周烟雾缭绕，无须错觉，真就是硝烟弥漫而没能清扫的战场，配上周围全是战场上的故事，使人心情无比的沉重。

从中国版图来看，燕国和赵国一样，是农耕文化与游牧文化的过渡地带，两种不同的生产生活方式在这里争相更替，相互较量，又相互融合。游牧民族经常到这里侵地掠夺，长此以往，矛盾加剧，战争纷起。赵国和燕国都在北部边缘，两国又长久不睦，单打独斗抗击外敌，还要长久应付内战，两个邻国之间也有着深仇大恨，跻身于夹缝中的弱国生存更难。长城无疑是保护农耕民族安全的最好利器之一。因战争而起的长城，也就不可避免地成了长久的战场。燕国腹地，南易水，以及上游狼牙山附近都是理想的屯兵之处，因此长达数百里的易水长城又常常成为两

燕长城烽火台遗址

军对垒的“楚河汉界”，战争频仍，狼烟四起，生灵涂炭是再自然不过的现象了。我去过战国时期许许多多的古城、古墓、古道、古战场，以及各种各样的古遗迹，包括秦直道以及秦直道上的杀人沟古战场，那里至今遍布白骨，包括长平血战古战场，哪怕是孤独站在万人坑旁，也没有在古长城周围的那种悲壮，那种凄婉和寒气逼人，这种感觉在任何长城附近都会有，一股股阴冷的杀气随风袭来，是那么的深切和阴郁。

易水长城如同燕国的历史一样，从修筑以来就少有记载，因此在漫长的历史长河中，被人逐渐遗忘。若不是因南水北调工程施工被发现，燕南长城可能就真的彻底从这个世界消失了。

散落在田间地头的燕长城遗址一直处于自生自灭状态，2000 多年的风雨冲刷，好在至今仍有多处遗存被保留了下来，实乃万幸。通过长城读历史，通过历史看世界。燕国虽说迂腐、羸弱，却也做出了惊天伟业，修筑长城虽不是燕国首创，但燕长城的修筑难度是很大的，尤其是燕北长城。燕长城不是最长的，却有力度和分量。燕国的国力不是最强的，却有韧性。燕国的国君不是最有智慧的，可也在燕国历史上留下了浓墨重彩。燕国虽说不是最出彩的，可燕国的历史是很耐人寻味的。燕国即使百无一是，但燕国是很守规矩、很会“养生”的国家，遵循天道，适应潮流，保存实力，悄然发展，活出了精彩，活出了坦然。真乃是“燕筑长城城已摧，墓冢平地纨青灰。闲来阅古思不尽，世袭君国乱云飞”啊！

QIN

之七

探秘秦长城

长城是人类文明史上最为伟大的建筑工程之一，而秦长城是长城浓缩的丰碑。秦人让长城的规模、形态、跨度都发挥到了极致。秦长城像一条珍珠项链，既串联了春秋到战国长城的历史，也串联了中华上下五千年的历史，它还是丝绸之路的传播者、见证者、受益者、传承者。

龙的传人龙的梦

秦之长城，人尽皆知，之所以放在最后一个章节写秦长城，是因为秦朝是战国时期笑到最后的国家，也是战国结束后还在延续修筑长城的国家。人们一提到长城，不由自主地就想到了孟姜女的故事，就想到了秦始皇修筑的万里长城。人们对“长城”二字的熟悉，并不是因为楚之方城，或齐长城，而是秦长城。历史上记载得最多，关注度最高的都是秦长城。

史学界和世界各国对秦长城的评价一致的高，秦长城是世界上最伟大的大遗址之一，早在 1987 年就被列为《世界遗产名录》。

长城是人类文明史上最为伟大的建筑工程之一，而秦长城是中国境内所有长城浓缩的丰碑，秦人让长城的规模、形态、跨度都发挥到了极致。秦长城像一条珍珠项链，既串联了春秋到战国长城的历史，也串联了中华上下 5000 年的历史，还是丝绸之路的传播者、见证者、受益者、传承者。它既是战争的亲历者，又是中国和平史的活化石，它还是一部集百家之长的兵法全书。长城的魅力不仅仅在它的雄伟，还在它奔放、狂野、中庸、怜爱和海纳百川之心。

在楚之方城的问题上，有现代学者认为楚国已经强大了，无须修筑长城，所以方城不是长城。而秦长城告诉我们一个不争的事实，长城不是弱者的长城，恰恰是强者、胜者的长城。秦国两次大规模修筑长城，都是在最强盛的时期。秦昭襄王长城是王者的长城，秦始皇长城是霸王的长城。

秦始皇将春秋战国时期的多国长城连成一片，创造了人类建筑工程史上的一大奇迹，在2200年前的中国，我们的先民全靠人力在陡峭的山顶修筑出10000多里的长城，这是何种姿态和气魄？当时的长城工程之浩繁，气势之雄伟，堪称人类建筑史上的标杆，是至今世界各国都为之惊叹的奇迹。

每次登上长城，都会感慨万千："秦筑长城比铁牢，蕃戎不敢过临洮。"可想而知，长城如同父亲一样对中原的保护是多么的有力！它给人带来的不仅仅是一种勇气和力量，还能给人一种前进的动力和热血沸腾的斗志。当你目睹逶迤于群山峻岭之中的长城雄姿，你也会有岳飞的"三十功名尘与土，八千里路云和月，莫等闲，白了少年头，空悲切"的忧患；当你行走在万里长城上的时候，你也有着满腔热血唱出青春无悔的激情昂扬。中国是一个有志气、有力量的国家，在任何时候都是一条龙，绝不会被困难吓倒，绝不会屈服，长城就是这种中国精神的体现和延续。

中国有长城，可谓历史久远，从公元前7世纪楚国筑"方城"开始，至明代1368—1644年之间，中国共有20多个诸侯国和封建王朝修筑过长城，其中秦、汉、明三个朝代修筑加维修的长城总长度就有几千公里。

长城像一条纽带，串联着中国，新疆、甘肃、宁夏、陕西、内蒙古、山西、河北、北京、天津、辽宁、吉林、黑龙江、河南、山东、湖北、湖南、四川等地都有古长城、烽火台的遗迹。自秦始皇以后，凡是统治着中原地区的朝代，几乎都要修筑长城。计有汉、晋、北魏、东魏、西魏、北齐、北周、隋、唐、宋、辽、金、元、明、清等十多个朝代，都不同规模地修筑过长城。从修筑长城的主体民族看，除汉族之外，许多少数民族也修长城，到清康熙时期，暂时停止了大规模的长城修筑，只在个别地方修筑了长城。直到今天，一些地区还在对长城进行修缮、加固等。可以说自春秋战国时期开始到今天，近3000年里，中国一直没有停止过修筑长城。长城不仅仅是一项军事工程，更是一种力量和民族精神的象征。

5000年的中国，抒写着5000年的历史，串联着5000年的文明，创造着5000年的奇迹。比故宫历史久远，比罗马大道宏伟，这就是我们的祖先留下的足以让我们世世代代为之傲娇的“万里长城”！

在所有长城里，秦长城是令人振奋的奇观，浩浩万里，成为中国如同瓷器和丝绸一样盛名在外的瑰宝。长城是足以让中国人自豪千年的宝贵遗产。

秦之长城位于中国北部，东起山海关，西到嘉峪关，全长约6700公里，统称万里长城，这是秦人留给中国和世界的宝贵遗产。尽管今天所能看到的万里长城主要是明代所修，但明长城大致是沿着秦万里长城的路线而修，许多都是在原秦长城的遗址上重修的，所以任何介绍万里长城的资料都要从秦长城开始说起。秦之长城虽是战国时期修筑最晚的长城，却是影响最大、覆盖面最广、用途最多、沿用时间最久的长城。

万里长城能保存下来的几乎都是明代在秦长城原有的基础上修筑的长城，因为各朝各代根据长城的用途，又将长城改线，或者修有更多的副线，所以真正的秦长城遗址也保存下来了一些，由于不再利用，被遗忘和抛弃的现象比较普遍。

秦长城遗址

前几年看到英国人威廉·林赛先生在西安大唐西市举办的长城摄影展，这是这位先生在全世界巡展中的 小站而已。当时，年过六旬的威廉·林赛先生已经研究长城30年，他对中国的长城有着独特的见解。他不只是研究长城，还用一幅幅照片将长城的现状展现在人们面前。特别令我震惊的是，在30年里，他的脚步无数次穿越无人地带考察长城，并用镜头记录下同一个角度和光线下的长城现状，30年来，长城变化特别大，30年前，甚至十几年前他所拍摄的长城有垛口，有女儿墙，有烽火台，几年后他再去拍摄的照片里已经是一堆废墟或者夷为平地了。

始皇三十三年（前214），秦横扫六合，7年后，开始北筑长城。4年后，秦始皇驾崩，六年半后，秦朝灭亡。尽管秦国当年动用了40万（有说30万）

的徭役，但在这么短的时间里是不可能完成万里长城的修筑的。事实是秦把原来秦国、赵国、燕国、齐国北边原有的长城连接起来，形成万里的边防。秦始皇长城大致为：西起于甘肃省岷县，循洮河向北至临洮县，由临洮县经定西县（今甘肃省定西市安定区）南境向东北至宁夏固原县（今宁夏回族自治区固原市原州区）。由固原向东北方向经甘肃省环县，陕西省靖边、横山、榆林、神木，然后折向北至内蒙古自治区境内托克托南，抵黄河南岸。黄河以北的长城则由阴山山脉西段的狼山，向东直插大青山北麓，继续向东经内蒙古集宁、兴和至河北尚义县境。再由尚义向东北经河北省张北、围场诸县，再向东经抚顺、本溪向东南，最后终止在朝鲜平壤西北部清川江入海处。

历史只记载了秦始皇修筑长城的时间，并没有记载长城具体的路线，以上这一段应该是目前为止学术界所考察了解的最翔实，没有太大争议的关于秦始皇时期所修长城走向的结论了。

我们现在所看到的北部大部分长城，大多立有碑——赵长城遗址、秦长城遗址、燕长城遗址，甚至还有秦昭襄王长城遗址等，其实这些长城遗址仔细考证下来最后多为秦始皇长城的一部分。如现在的固阳以及大青山上的赵长城，再比如北京延庆境内的燕长城，陕西榆林神木境内的秦昭襄王长城，其实也都是被秦始皇所利用的万里长城的一部分。因为秦朝在很短的时间内不可能重新修筑这么庞大的长城工程。但不是所有的秦长城都是在战国其他长城的旧址上维修而成的，秦始皇长城还是有许多是新修筑的。因为秦始皇在拉开统一战争后，根本就顾不上防御北方的匈奴，此刻北方失去了原有的赵国、燕国的防护，匈奴向南挺进如入无人之境，已经侵占了许多中原北部的土地。秦修长城自然是要绕开匈奴地界和匈奴经常出没的地方。于是，秦始皇时期放弃了许多原有的战国长城，而是不得已往南边划定区域重新修筑长城。如甘肃省环县，陕西省靖边、横山、榆林、神木，然后折向北至内蒙古自治区境内托克托南，抵黄河南岸，这一段几乎都是秦始皇时期重修的长城。但这一段长城又有一部分属于秦昭襄王长城。《史记·匈奴列传》载："秦昭王时，义渠戎王与宣太后乱，有二子。宣太后诈而杀义渠戎王于甘泉宫，遂起兵伐残义渠。于是秦有陇西、北地、上郡，筑长城以拒胡。"这应该是在秦昭襄王三十五年（前272）的事情。当时义渠国也是一个比较大的西北地区游牧民族政权，像秦国一样，是西周东迁的受益者，一直跟秦国有着交集，也有战争。公元前444年，秦伐义渠，"执其君以归"。可惜，这只是义渠戎的暂时蛰伏。果然，公元前430年，义渠戎趁着秦人东进之际，发动进攻，直逼渭水河畔。秦惠文公七年（前331），义渠戎国发生内乱，秦惠文公遣庶长子以平定内乱为由，征服义渠，让义渠臣服于秦，秦在义渠国设县。这只是形式上的县，也是义渠暂时的妥协，并不等于义渠就一蹶不振，义渠的实力还是不容小觑的。

果然，暂时的安宁后没多久，秦国和义渠之间又矛盾重重，秦国被东方六国骂为西戎，和义渠一样，都是不太按照中原规矩行事的国家，两国之间野心、野性长存，于是惠文公十一年（前327），秦国和义渠又发生战争，义渠败北，《史记·六国年表》载："归魏焦、曲沃。义渠君为臣。"义渠戎，是远古时期游牧民族的一支，在周文王末年建立国家。义渠建国不久，随即出兵并吞了周围彭卢、郁郅等其他西戎部落，扩大了疆域，并先后修建城池25座，派兵驻守，在春秋战国时期也是个很活跃且强悍的国家。义渠戎国的疆域，西达西海固草原（宁夏回族自治区南部山区的代称），东抵桥山（陕甘交界的子午岭），北控宁夏河套，南达泾水，面积约10万平方公里，古义渠国之都在今甘肃庆阳西南，即宁县，与秦国是邻国关系，可并不和睦，在秦昭襄王之前，两国经常发生冲突。

秦惠文公十一年（前327）时，义渠戎国再次战败于秦，自然不甘心。秦惠文王七年（前318），义渠国也掺和到七国争雄的大战中，向魏国朝贡，联合赵、韩、燕、楚、魏合纵攻秦，在李帛大败秦军。

从春秋到战国，各国之间经历的大小战争近千次，义渠国这次的合纵抗秦看似胜利，实则也没动到秦国的皮毛，因为当时秦国已经因商鞅变法迅速崛起，秦惠文王从公到王，经历了秦国几百年来第一次大的蜕变，秦国已经跟东方六国平起平坐，甚至比有的诸侯国还强大，岂是一个小小的义渠能打垮的？秦人长时间和义渠戎争斗，目的不是消灭一个义渠戎国，而是要东进，义渠虽说也有一定的威胁性，但秦国还没怎么把它放在眼里，尽管在同义渠的交锋中，秦人所占优势并不大，但秦国还没有像东方六国一样纷纷修筑长城以防守边疆，更不可能修筑长城去防御义渠戎国。

秦国在悄悄壮大，义渠的合纵抗秦没有对秦国造成什么实质性的影响，而不久之后秦国和义渠戎国的关系也发生了变化。惠文王死后4年，惠文王和惠文后所生的嫡子秦武王嬴荡也死了。芈氏和惠文王所生之子秦昭襄王嬴稷阴差阳错登上了秦国的王座，秦国越来越强大，在嬴稷执政56年里，秦国坐稳了霸主的地位，东方再没有一个国家敢跟秦国抗衡。按说秦国这时候根本不需要修筑长城，因为秦人一直就没有修筑长城，此时修长城等十多此一举。可恰恰秦国就是这期间修筑了长城。

宣太后诱杀义渠王于甘泉宫后，秦昭襄王随即发兵灭了义渠国，于是秦国多了陇西、北地、上郡等地，并在义渠国周围修筑长城抵御匈奴。

这是历史记载的秦国修筑长城最早的时间，此时是在公元前 272 年，这段长城就是今人所命名的秦昭襄王长城。

秦昭襄王长城没有修筑在当时的秦国边界，而是修在了义渠国的边界。据考证，这段秦长城（秦昭襄王长城）现在还能看到遗迹的部分主要分布于今陕西榆林北部到内蒙古伊金霍洛旗、准格尔旗、达拉特旗、东胜区，全长约 94 公里，沿线分布有烽燧 19 座，构筑方式有石块垒砌、毛石干垒、石块堆积、土夯筑 4 种。这 94 公里的长城毁坏得特别厉害，即使是秦始皇在此基础上重新维修过也无济于事。遗迹有的地方也很明显，这一线现在

秦咸阳城一号宫殿遗址

秦昭襄王长城遗迹

多为沙漠，比较干燥，长城如同地垄似的还有一些残存，保存最好的一段在伊金霍洛旗境内的纳林塔附近。它既有研究、保护价值，也有观赏价值，但这段长城已不是当初秦昭襄王长城的原貌，而是后人修缮过的。

正因为有这一段相对较好的长城遗址，才使得我们现在考察和研究秦长城有了依据和实物资料，这是非常难得且珍贵的活历史。因此早在 2001 年，这段长城已由国务院公布为第五批全国重点文物保护单位。

从以上这些信息中我们可以知道秦国为何在春秋战国那么漫长的时间里没有修筑长城。秦在春秋时期是很弱的，在西垂一隅自行发展，虽说春秋末期也成为五霸之一，但中原的战争当时还是礼仪之战、君子之战，没有灭国之虞。也有周边民族入侵，但都被赵、燕等国给挡住了，秦国不跟匈奴交界，无须多的担忧。秦昭襄王之所以修筑长城，是因为已将义渠国纳入秦国的版图，抵御匈奴的事情只有靠自己了。秦始皇最后要修筑万里长城其实也是这样的考虑，赵国、燕国，跟匈奴交界的国家都融入秦国，北边没有这些国家再作为屏障帮秦国抵挡匈奴南下，秦国失去了依靠，于是才修筑从东到西涵盖整个北部边疆的长城作为防御。当时百越还没灭，秦国却并没有在边界修长城抵御，因为秦是主动去攻打、收复百越的，正如秦去攻打六国一样，而不是因为百越在侵扰统一后的秦国，所以无须在秦国的南疆修筑长城防御百越侵扰。

矛与盾划了一个弧线

周王室迁移到洛阳后王权开始逐渐衰落，各诸侯国开始了内部争斗，而且矛盾愈来愈激烈，顾不上防患其他民族政权的侵扰。于是周边其他民族排山倒海般地向中原逼近。岭南、江南、东海、陇西等都受到了影响，为了共同抵御外敌，中原诸侯国举起了“尊王攘夷”的旗帜，倡导以周天子为中心，齐心驱逐外患。齐桓公的那次“九合诸侯”取得巨大的胜利。但是当时只是将这些周边民族都驱逐出中原而已，他们东到海滨、南到吴越、西到陈仓、北到阴山，并没有走远，这给他们留下了东山再起的机会。

果不其然，战国中期，北方的林胡、东胡、匈奴等民族养精蓄锐后又卷土重来，对周及各诸侯国构成了巨大的威胁。这些民族举族为兵，逐水草而居，骑术精湛，彪悍灵动，他们不断地沿沙漠戈壁向南推进，逐步占据了敕勒川和阴山大部分广袤的土地为根据地，打得赢就打，打不赢就撤，来得快去得也快，这种骚扰也就延续了下来。这个时期，主要是赵、燕两国跟这些游牧民族的战争最频繁，因为地理位置的关系，他们受到的骚扰也比较多。赵武灵王“胡服骑射”既是一种改进，也是一种无奈之举。燕国也多次倾举国之力跟游牧民族政权抗衡，赵、燕两

秦直道遗址

国的国力都因此受到了很大损耗。后来秦国胜利统一了六国，麻烦也接踵而至，失去了赵、燕两国的屏障，秦始皇和他的臣民需要直面游牧民族带来的挑战，于是才有了修筑长城（防守），修建秦直道（进攻）之举。直到后来汉王室兴起，谁掌权，谁就得接班继续与匈奴战斗下去。

秦始皇统一六国以后主要的精力都放在对付这些强悍的周边民族政权上了。当时的秦军威震四方，蒙恬率三十万大军在阴山以北跟匈奴进行了一场大战，结果匈奴大败，逃往大漠深处，数十年不敢南下牧马。

但这些游牧民族带来的威胁并没有解除，秦始皇丝毫不敢松懈，于是就命令蒙恬修长城，防御他们的突然袭击；修直道，为的是一旦打起仗来，军队的调动和粮食军辎能顺利快捷地北运，这对秦朝江山的稳固和长治久安都有益而无害。

秦直道最初的修建总体是为了御边战争的需要，但道路的综合功能使它也成了中央王朝连接北部少数民族地区的通衢大道，成为汉民族与北方少数民族经济文化联系的纽带。直道和纵横于东西的驰道以及沟通印度、缅甸的宝山博南古道、贯穿陕西与四川的栈道等共同构成了统一大帝国的交通以及信息网络，这在同时代的世界各国是无可比拟的。

中国万里长城是世界上修建时间最长，工程量最大的冷兵器战争时代的国家军事性防御工程之一，凝聚着我们祖先的血汗和智慧，是中华民族的象征和骄傲，历史上发挥了重要的作用。如今无论是被毁坏的长城遗迹旁，还是正在利用的长城旁，烽燧、隘口依旧很多、很明显，气势依旧如初，这是历史的见证，也是它原本应有的气魄。

当然，秦直道跟长城还不完全一样，长城是保守派，坚守的是中庸之道，印证了打仗为的是不再打仗，人不犯我我不犯人，人若犯我，我必誓死捍卫。而秦直道行的是霸王之道，我把你打怕了你才不敢来犯我。因此秦直道是主动出击。

秦始皇令蒙恬帅三十万将士一边抗击防御匈奴南侵，一边指挥修筑北方的长城和秦直道，直道是从秦国的政治中心陕西咸阳后沿着子午岭山脊一路向北，最后抵达内蒙古包头，堑山堙谷，占据高位，虽没有长城似的城墙、墙垛，但功能跟长城相近，也有兵站、烽火台，也居高临下，能监视和瞭望到敌人的动向。秦直道是世界高速公路的鼻祖，是世界上最早的战备高速公路，为秦国快速运兵、运送粮草起到了很大的作用。当时从咸阳出发，秦军骑兵沿直道三天三夜就可以抵达阴山脚下。在汉代时，李广被誉为飞将军，就是因为汉代利用秦直道快速调兵遣将攻打匈奴，使得匈奴兵一看到李广的大纛旗就吓得闻风丧胆。这是秦直道的功效所在。

秦始皇的高明之处就在于他让秦国既有长城的防御，还有直道的快速进军，能主动出击。长城如一张拉满的弓，而直道就是弓弦上的一支箭；长城是一个坚实的盾牌，而直道是一秉长矛，所以在直道和长城的配合下，秦国当时强大到无坚不摧，匈奴敢怒不敢言。阅遍历史，在修筑直道和长城时期，不见记载有跟匈奴大规模的战争，匈奴骑兵入侵中原，也只是小股部队，速来速往，速战速决，没能造成大规模的破坏和死伤，这都是长城和直道的功劳。

当然长城和秦直道的功能不仅仅局限于战争，每一次战争的开始也预示着一次新的商贸的繁荣。长城和直道都是因战争而诞生，它们是战争的发生地，也是商贸最为繁荣的地带之一。在战争最激烈的时候，总有一些

雁门关外长城遗址

商人会冒着生命危险做贸易，内地商人常常拿粮食、布匹交换匈奴的马匹、皮毛、奶制品等。那时内地生产的铁器、铜器、陶器、缯絮、绢帛、食品、生产工具等通过这条道路进入匈奴地区，凿井、筑城、纺织、耕田、冶铁技术也传入了匈奴；而匈奴的骑射技术、生活习俗也传入中原。

今天我们依旧能在秦直道和长城周围看到很多“和市”遗迹，如“白马驿”“车路梁”“百户店”等，都是商贸往来的见证。有些“和市”至今还保留着当初的原貌，它完整地保存着那段时间的记忆，向人讲述着那些古老的、鲜为人知的或血腥的、或祥和的故事。

宋以后，随着军事作用的减弱，秦直道更多的是在商贸的往来、文化的交流融通方面发挥作用，有人形象地把秦直道称为“黄土高原上的丝绸之路”，而长城周围的战争和商贸仍在继续。好像长城和秦直道就是一条连接少数民族和汉民族的脐带，在中国的北方，只要有长城和秦直道的地方，就有民族之间频繁的各类往来，尤其是商贸往来。

《史记·大宛列传第六十三》对丝绸之路上的一段长城有过详细的记载，汉朝在张骞出使西域，并顺利得到大宛的汗血宝马，命名“天马”，得到乌孙国的马，命名“西极”以后顺利打通西域通道，开始修筑令居以西的长城，设置酒泉郡以便和西北各国交往并派遣更多的使者达安息、条枝、身毒国等地。长城和直道是一个整体，它们都是因战争而诞生的军事工程，在和平时期又成了商贸往来的通衢大道，丝绸之路沿线有很多长城的遗迹，只要沿着长城走，就不会迷路；只要沿着长城走，就能走出迷茫；只要沿着长城走，就能找到财富；只要沿着长城走，就能找到和平。

直道是南北向，长城是东西向。直道和长城在陕西榆林镇北台北面小纪汗乡交汇。长城是在公元前214年开始修筑，秦直道是在公元前212年开始修筑，秦灭亡时长城和直道都没有完工，汉代以及汉代以后各朝代又续修和维修。汉代从文帝到宣帝，又历经了一百多年，秦时期的万里长城才算正式完工。这条长城西起大宛贰师城，东至黑龙江北岸，将原来秦时期计划的长城又拉长延伸了，使之成为古丝绸之路的一个地标性建筑。古丝绸之路有一半的路程就沿着这条长城而发展。

北宋时，杨家将驻扎在长城边上，担任起抗辽的重任。杨家城就在今天的陕西神木县城以北，而秦长城就从杨家城附近穿过。我们今天驾车在榆神高速上飞驰，不时就会和长城相遇，路边也有许多处提示山上有古长城遗址或者战国长城的字样。其实这一段就是秦长城，而且就是秦始皇时期修筑的长城。这一段长城向东北方向蔓延，跟杨家将行动轨迹很吻合。证明这段长城在北宋时还在被利用。

明代，为了防御鞑靼、瓦剌的侵扰，从没间断过长城的修建，从洪武至万历，其间经过二十次大规模的修建，筑起了一条西起甘肃嘉峪关，东到辽东虎山，全长六千三百五十公里的边墙。所以才有后来完整的明代万里长城的出现。明代修筑的长城多为石质长城，许多地段保存得很完整，当年的雄伟气势依旧如故，尤其在山海关、嘉峪关、八达岭、司马台、慕田峪等处的长城都被开发成热门旅游景点，这些长城保护得相当不错，应该说是迄今为止保存得最完美的长城了。

在直道和长城交汇处，直道和长城都毁坏得厉害，一半是因为两千多年自然风化以及沙漠化，长城几乎都像农田边的地界般矮小，而且还断断续续高低不平。另一半是人为破坏。长城遗迹已经岌岌可危，残余的一点长城痕迹即使不被人为毁坏，也用不了多久就会与大地相融，与野草为伴，牛踏羊踢，加上风雨的侵蚀，我们也许再也看不到这些留存几千年的宝贵遗产了。

当初的万里长城的城墙上，分布着千百座雄关、隘口，成千上万座敌楼、烽火台，使得长城的功能性更强，打破了城墙般的单调感，构造合理，雄奇险峻，错落有致，充斥着巨大的艺术魅力。秦统一六国以后，规范了制度，将原有通往六国的道路加以修整，并修有直道，维修蜀道，这些大的工程也很雄伟，但比起长城的可视性还是有些逊色。长城给人视觉上的冲击感

秦长城遗址

是任何军事工程都不可比拟的。直道义无反顾、勇往直前、刚正不阿，像秦军一样勇猛，而长城就是父亲，坚守着自己的家园不遭破坏，财产不被侵略，家人不被欺凌，本着人不犯我我不犯人的原则，加之有母亲河的滋养，中国得以富饶、平安、顽强地延绵千万年。

直道和长城都在人们的仰视和膜拜中延续了下来，更准确地说他们延续的是大道不屈的精神，是中华民族的精神支柱。这就是秦长城和秦直道给后人留下的最大的财富。

登高远眺，凭古怀幽，古战场的纛旗飞扬，鼓角齐鸣，金戈铁马已经远去，驼铃声声，商旅云集，互通有无，越走越近。今天，长城和直道都已经失去了原有的作用，可它们记载着中国上下五千年的历史和民族的繁荣。如今，长城与埃及的金字塔，罗马的斗兽场，意大利的比萨斜塔等同被誉为世界七大奇迹之一，长城以开放式胸怀迎接着世界各地的游客，它以将军的姿态为世界各地一代又一代的人讲述着从前的故事，直到永远。

战争与和平

秦之长城，迢迢万里，它像一个标志性的东方英雄雕像屹立在中国的北疆，这是秦一统中国后最大的工程，是中国历史上最辉煌的成就之一。这种大一统的思想都是用战争和血肉去拼杀而来，是一种必然，也是一种无奈。

胜者王侯败者寇，我们现在研究历史，都认为战国末期的政治格局已定，东方六国大势已去，秦统一是一种必然的结果，长城也是陪着这种结果而诞生的产物。如果秦王朝能再长久一些，秦朝或许能收服匈奴，中国的历史有可能会被全部改写，那么今天我们是否能看到秦长城以及后面的汉长城呢?

我又想，如果秦始皇死后没有赵高和李斯合谋陷害扶苏，如果秦朝能像夏、商、周或者汉、唐一样延续几百年，秦长城是会诞生，但司马迁的《史记·匈奴列传》也就是匈奴人最后的舞台，我们也会像考察楼兰古国一样去缅怀和想象这个民族的彪悍和繁荣了。

历史不能重来，事已至此，我们只能顺着历史的脚步去找寻曾经的过往，感受当年的金戈铁马和鼓角争鸣，从史料中去品味这个民族的坚韧、顽强与凶悍。

正因为有了秦的统一，才有了长城在历史上更高的舞台，更广阔的天空和更大的利用价值。

细想，历史其实真的很有趣。秦国能从一个西陲一隅的小国家跻身到战国七雄之首的大国，这不是一朝一夕的功夫，也不是历经秦孝公这么一个国君就能改变一个国家的命运的。

纵观秦人，从非子立国到始皇一统，是历经数代、无数人艰辛努力的结果。而东方六国的灭亡，其一，是因为他们的掉以轻心使得秦国在百年内迅速强大起来，成为一方霸主，他们的灭亡或许是一种必然。

其二，这些国家没有前瞻性和忧患意识，用“青蛙现象”来形容这一时期的政治格局是最恰当不过了。把一只青蛙直接放进热水锅里，由于它对不良环境的反应十分敏感，就会迅速跳出锅外。如果把一个青蛙放进冷水锅里，慢慢地加温，青蛙并不会立即跳出锅外，水温逐渐提高的最终结局是青蛙被煮死了，因为等水温高到青蛙无法忍受时，它已经来不及，或者说它已经没有能力跳出锅外了。

阿房宫遗址——前殿

“青蛙现象”告诉我们，一些突变事件往往容易引起人们的警觉，而易置人于死地的却是在自我感觉良好的情况下，对实际情况的逐渐恶化没有清醒的察觉。

当时的东方六国就是温水煮青蛙，到他们真正意识到危险的时候已经来不及了，已经没有能力跳出困境，灭亡就成了一种必然。

仔细研究起来，这段历史既是一本血泪史，也是一部励志书。以史为镜可以知兴替。好战则亡，忘战则危。战国晚期，秦国和齐国是最强大的国家，而秦是亡在好战上，齐是亡在忘战上。

在秦孝公时期秦国的大发展已经见到了曙光，并开始逐步强盛起来。可当时秦国的国力还是相当弱小，无法跟东方六国相提并论，勉强能自保，所以秦孝公没能称王。到秦惠文王即位后，又历经十三年的征战和拓展，秦国才有资格跟东方六国平起平坐称王。

秦惠文王称王后再历经了十三年的文韬武略的治理，秦国的国力才开始强盛起来，才跟东方六国有了一拼的资本，但是国力还远没有达到鼎盛。

在秦武王短短四年征战后，秦国再次向中原迈进了一大步。到秦昭襄王嬴稷时期，秦国才真正让人望而兴叹，望尘莫及。

嬴稷不光命好，无须争抢就得到了秦王的宝座，而且还长寿，在位 56 年之久。在这漫长的大半个世纪里，秦国不断对东方各国发起战争。秦昭襄王四十七年（前 260），秦国与赵国发生了历史上最惨烈的一场战役，史称长平之战。此次战役有说秦杀赵四十万降卒，赵军几乎全军覆没，赵国从此一蹶不振。我曾到长平之战古战场考察，长平之战纪念馆空无一人，门口售票员也不愿往里多走一步。无论是在博物馆还是在长平的任何一个角落，全是血淋淋的故事，让人至今还能感受到那场战役的残酷。如果秦昭襄王有着统一的野心，他是可以不费吹灰之力就收服了曾经无比强大的赵国。秦国加赵国，等于在当时拥有了半个中国的军事力量，这时的秦国即使称帝、称王、称霸都没人敢管。

这不是假设，而是秦国当时确实能做到，但是秦昭襄王不知道出于怎么样的想法，或许是还秉承着春秋君子之仪，不打算灭国，或是还念旧秦赵同宗，所以给赵国留了可继续祭祀共同祖先的空间吧！

这段历史不好评价，灭赵与不灭赵都在情理之中，没有人在这件事情上去指责秦昭襄王的不是，也没有人去歌功秦昭襄王的仁慈，总之，存在都是合理的，秦昭襄王的大手笔、大气魄毋庸置疑。当然，这里也无须像评价燕召公一样评价秦昭襄王，是因为他的仁德庇佑了五十年后他的曾孙秦始皇统一的中国。因为无论秦昭襄王灭不灭赵，秦国在经历了这一仗后已经成了巨人，已经让东方各国有所畏惧了，秦始皇最后的大一统已经没有悬念。尽管统一战争也有许多的侥幸，但我们丝毫不能怀疑秦国的国力对于大统一的保障。

话又说回来，长平之战虽说残忍血腥，但对秦国的强大起着决定性的作用，如此举国之战是一定会分出胜负的，不是秦国打败赵国，就是赵国打败秦国。若当初是赵国打败了秦国，赵人又会如何对待秦军降卒呢？所以历史无须指责秦国以及秦昭襄王，我们也无须去骂古人，若当初我们就在这场战役之中，我们就是白起或赵括，我们就是那个决策者，我们又该如何呢？

现在的山西高平市大粮山附近，还留有秦昭襄王为长平之战修筑的秦南长城遗址。长城永远是对的，它一直会忠心耿耿地效忠自己的国家和主人，它在为秦人一步步强大，一步步走向胜利指引着方向。这也是秦始皇后来要修万里长城的原因吧！

经历这么一场空前的大战，秦国顿时成为战国末年无人能敌的国家。我们不得不感叹秦国的坚韧，中国历史上曾发生过五次合纵抗秦，其中有多次就发生在秦昭襄王时期。因为秦昭襄王在位期间连连发起对周围各国的战役，少有国家没打到，少有国家没被这个时期的秦国“欺负”过。秦昭襄王这个好斗分子统治期间，是战国时期战争最频仍的时期。

越王勾践破吴，孙膑围魏救赵采用的都是乘其不备直捣老巢。在秦昭襄王执政期间，合纵抗秦也发生过多次，秦国用一个小小的假象就迷惑了各诸侯国不参与秦赵之间的矛盾，就悄无声息地战胜了赵国，怎么让人感觉那么不可信呢？

秦昭襄王十一年（前 296），齐国、韩国、魏国、赵国、宋国、中山国六国共同来攻打秦国，秦昭襄王害怕了，主动割让河北和封陵的地方给韩国和魏国以求和。

秦昭襄王二十四年（前 283），秦国攻打魏国，夺取魏国的安城，直抵魏国的都城大梁，燕、赵前来救援，秦兵退去。

秦昭襄王五十一年（前 256），西周君背叛秦国，与诸侯国相约合众，率领天下精锐部队出伊阙（今河南省洛阳市龙门）攻打秦国，使秦军不能通向阳城（今山西省东南晋城市阳城县）。

以上三个资料有长平之战之前的合纵抗秦，也有长平之战之后的合纵抗秦。秦昭襄王时期秦国虽说是巨人，可大象也经不住群蚁啃噬，但凡有两三个国家联合起来，秦国还是会退让的。

那为什么赵国在长平之战损失如此惨重，其他国家却都无动于衷呢？不救赵或许能理解，不乘机打压秦的气焰或者攻秦就有些让人感觉不可思议了。

然而可笑的是此时有着最老诸侯国之称，惯行王道之事的燕国没有去攻打秦国，反而是想棒打落水狗，渔翁得利地去灭赵，尽管没有成功，但是并不等于没做。这更能证明其他国家都在观察，都在蠢蠢欲动，可惜的是我们没能看到行动，看到的是弱肉强食，却不是制止一家独大。

这可能就是秦国的造化吧！这样的奇迹屡次眷顾着秦国，直到战国晚期的统一大战也是如此。

秦、赵、魏、韩、燕、楚、齐，同一个时期这七个大国都经历过变法，秦用商鞅变法，赵用公仲连变法，魏用李悝变法，韩用申不害变法，燕用乐毅、邹衍、剧辛变法，楚用吴起变法，齐用邹忌变法。

这些变法都起到过一定作用，但真正变法成功的只有秦国。之所以每次说到秦国一定要说变法，是因为秦国的历史是从变法开始精彩的，没有商鞅变法，秦国指不定能走多远呢！

尽管各国都经历过变法，只有秦国变法改变了命运，是奇迹，也是有着客观原因的，这跟秦国的努力和当政者的决策都有着重大的关系。

其一，当初各国变法的执行者对变法认知度各有不同，所以最后的结局也大相径庭。变法最难撬动的是贵族。因为变法必定会牵涉贵族的利益，有的国家国君强大，能用权势顶住压力，变法也就能实施下去。国君弱，大臣和贵族强大，变法力度就不够，很难执行下去。但，穷则思变，强大、富裕的国家都在变法，穷国家再不变法就没有出路了。所以说当时的变法

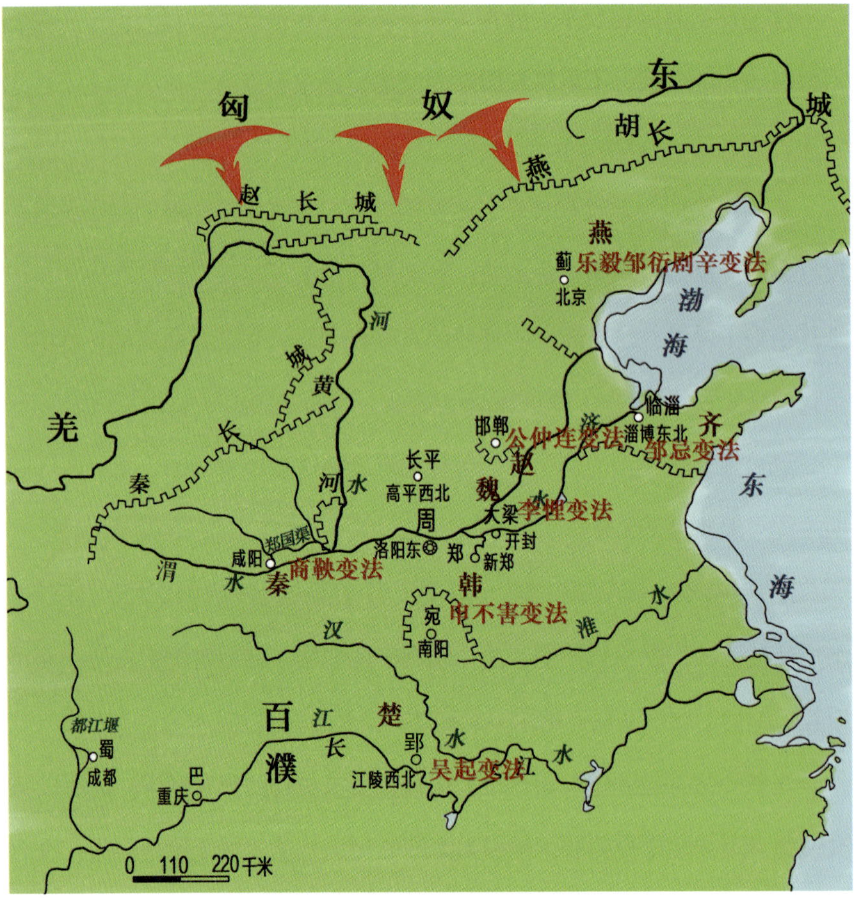

七国变法图

不只是花拳绣腿的一种时尚，是不得不为之的一种必然。

其二，推行变法者如若能力有限，或者说他所认同的法与真正的法有着一定的差距，将变法弄成实现私人愿望的桥梁，变法自然起不到应有的作用，时间一久，无功的变法只得半途而废，或者走向歧途。如韩国利用申不害变法就是将韩国越变越弱。责任不全在申不害，申不害也是战国晚期法家重要代表人物之一，也是个思想家，我相信韩国的变法结果不是申不害想要的结果，个中的原因不言自明。

其三，更多的国家将变法当成一种时尚，还没考虑好就盲目地跟风，看不到变法的本质，也就不怎么重视变法，变法活动就形同虚设。楚国利用吴起变法就是最好的例证。因为楚国认为自己已经很强大了，无须变法，仅仅只是为了体验，玩一玩而已。况且楚国贵族之间错综复杂，牵一发而动全身，真要是下大力气变法，说不定法还没变，国家已经一团糟了吧！楚国当时已经很强大，也很稳定，所以执政者考虑利害，还不如保持现状的好。所以变法只是为了试试水，跟跟风，没打算动真格。

由此看来变法有利就有弊，而变法后的结果却大相径庭，尽管大多数都下过大力度变法，变法的方向不一样，结果自然也不会一样，所以才导致有的国家经过变法强大起来了，如秦国，有的国家却更弱了，如韩国等。

但是这些国家真正的兴亡还不在变法上，而在国策上。一个点子可以兴国，也可以灭国，这样的事例在中国历史上比比皆是。如魏国亡国，不过是王贲、李信一个点子就水淹大梁城。齐国最后灭亡，齐人将责任都怪罪到齐国的宾客身上，就是他们主张不要理睬秦国和其他国家的战争，也不要和秦国发生战争，最后齐国才被灭。六国被秦所灭，跟变法没关系，完全是国君无能，用人不当造成的。正如长城一样，各国都修有长城，长城都为各国发挥过极其重要的作用，但最后国家还是被秦所灭，这难道是长城的过错吗？

秦始皇建造长城的目的很简单，是为了抵御匈奴，但无论是直道还是长城，真正发挥作用是在汉代，汉朝后匈奴暂时退出了历史舞台。后来历代的皇帝还是会出资修筑长城，因为游牧民族生活的地区大都不适宜发展生产，因此他们进攻中原的目的就是为了抢夺地盘，抢夺财富。但长城的

秦长城遗址

存在使他们很难入侵中原，经常被挡在长城之外！今天我们所能看到的秦始皇时期修筑的长城最南在陕西榆林北边，而战国时期的赵长城在内蒙古包头以北八十七公里处的大青山上。我这里说的是南北直线距离，可以算得出来，当时秦在统一六国十年中，被匈奴乘机侵占而所丢失的土地最少相当于今天一个广东省的面积。秦始皇派蒙恬修筑长城后，“将匈奴驱逐六百里”，这应该是阶段性小试牛刀的胜利，就这样也没有完全收回当初所丢失的土地。这些跟长城还是有着很大的关系的。

如果再给秦朝多一些的时间，秦军有没有可能彻底解决匈奴之患呢？只可惜没有这个如果了，才有了后来两千年你唱罢来我登场的一曲曲好戏，才有了今天长城的军功章。

秦长城的功与过

一提起万里长城人们就会想到孟姜女的故事，也会想起秦人留下的一首歌谣："生男慎勿举，生女哺用脯。不见长城下，尸骸相支柱。" 这首歌谣相当深刻地反映了秦代人民反对征戍徭役的激愤情绪，也深刻地反映出修筑长城的艰辛。这首歌谣虽说写的是秦时筑长城，其实各国修筑长城的情况大致也是如此。因为人们痛恨暴秦，所以关于修筑秦长城的骂声和凄楚哀婉的故事也不绝于耳。其实，通过秦长城，让我们清楚明白地知道从春秋到战国时期以至到明代，修筑长城都是一件劳民伤财的事情，只是其他国家没有记载，或者百姓敢怒不敢言。到秦时期修筑长城能出现怨声载道，我们仔细翻翻历史书就知道，那些书都是秦以后后人所著、所言，因为秦帝国实在太短暂了，短得没有时间去验证他的功勋。

今天我们看到这些激进的诗词，自然也能和万杞梁、孟姜女一起感同身受当年修筑长城的艰辛和凄苦。至于说主政者好大喜功，骄奢淫逸，靡费资财，强制性征兵役、徭役，等等，甚至还有一些大肆谩骂秦法严苛，劳役强度严格，惨无人道的其实都是后来者的骂声，如果在当时的历史环境下去看这件事，观点可能会不一样。

谁也不想打仗，谁都害怕麻烦，要想国家长治久安，难免会用一些强制性手段，这是乱世安邦的一种办法，这也是秦始皇残暴的一个有力的证据，这是事实，我们不可否认。当时修筑万里长城的确是死了不少人，也的确是“白骨相撑委”。

如果我们站在另一个角度来看秦时的万里长城，就不会这么说了。

战国晚期，我国北部活跃着以头曼单于为首的匈奴族，居住在阴山之北的头曼城（今天阴山的北面）。匈奴人素来骁勇善战，而且精于用骑兵。他们自认为自己的骑术精湛，来去如风，经常南下中原进行烧杀抢掠，给当地的百姓造成极大的危害，使得民不聊生，百姓苦不堪言。赵、燕是直接的受害者，秦国也偶尔会受到侵扰，他们的边界紧邻匈奴所在地。

匈奴还曾经越过燕国攻打齐国。可想而知，在中国漫长的历史长河里，匈奴一度是中原大患。

由于匈奴的强悍，人们都到了谈匈奴色变的地步。紧邻匈奴边界的国家以及民众更是苦不堪言。如果当初赵、燕这两个国家不将大量的时间和精力用在对付强悍的匈奴上，中国的历史说不定会发生改变。

我们的先民在防范匈奴入侵的问题上煞费苦心，当时赵武灵王还采取过移民垦荒等防御措施，但是收效甚微。北面没有一个有效的屏障，不管你怎么防护，匈奴人进入中原如履平地，想来就来，想走就走，千百年来对中原人造成的损害不计其数。

后来，燕、赵、魏这些抗击匈奴的主力国家都被秦国一一消灭，匈奴人借此机会迅速向南侵扰，使得刚刚建立新兴政权的秦始皇嬴政感受到巨大威胁。

为了遏制战争的频繁发生，为了不让中国再次四分五裂，为了不让老百姓再长期地受匈奴人的骚扰，为了巩固新兴政权，秦始皇断然决定修筑长城，这是无可争议的事情。

所以，一定程度上来说，长城不可不修，否则损失的百姓以及兵士的生命、财产将不计其数，可能不会比修建长城的消耗和损失小。再说，秦始皇修长城是一项扩建工程，许多地段都是在原有的赵、燕长城的基础上加以扩建的，工程是浩大，但是总的负担也不会超过六国各自修筑和维护的军事工程的总和。

美国历史学家斯塔夫里阿诺斯在《全球通史》一书中写道："秦始皇还利用国家的统一和力量将疆界向南扩展到现在的越南。在西北面，击退了游牧部落；为了防止他们卷土重来，还修建了举世闻名的长城。长城西起内蒙古，东至大海，延绵两千二百多公里。为了完成这一巨大工程，耗去了大量生命，以致两千多年后的今天，人们仍要谈起这一事实：有一百万人为修筑长城而死去，长城的每一块石头都值一条人命。正如文人学士诅咒皇帝'焚书'那样，老百姓都为筑长城的事诅咒皇帝。"

而中国的学者认为秦长城修了有十几年，用了一百多万人修筑长城。我认为，修筑长城应该只花了四五年的时间。因为秦王朝是在公元前207年灭亡的，从公元前215年开始修筑长城到公元前207年秦朝灭亡，总共只有八年的时间。

然而在公元前210年，秦二世杀死蒙恬、扶苏后，历史只记载王离接替了军权，并没有交代长城和直道这两项大的工程由谁来接管。王离接替军权以后，与章邯一起四处打仗，直到被项羽所俘虏，他压根没有时间继续修建长城和直道。所以当时史书记载直道"道未就"，长城毫无疑问肯定也是“城未就”的。

而且此时匈奴人又开始南下侵扰，加上秦国新的君王将全部的心思都用在如何享乐和杀兄弑姐的事情上，农民起义又紧随而至，修筑长城的工程势必会停下，这样算来，秦时修筑长城可不是只花了四五年的时间吗！

尽管修筑长城的时间很短，但是这个西起临洮（今甘肃省岷县），东至辽东，长达五千余里，号称万里的秦长城基本上已经完工。

能在这么短的时间内完成这么大的工程量的主要原因是什么呢？

人多是无可厚非的。但是人再多也是有计划的。

修筑长城之所以用时比较短，原因有三：其一，秦万里长城大部分是在原有的赵、燕、秦的旧长城的基础上加以扩建，更多的是维修，而后将原本已经存在的原各国边界的长城连接起来，形成一个整体。

其二，用料简单，多为就地取材。长城的修筑方式有三种，即土长城、石长城和木长城。而秦时修筑长城多以土长城为主，石长城居中，木长城最少。现在秦长城遗址还依稀可见，能保存下来还能看见的基本上都是土长城。因为长城沿线人烟稀少，加上干旱，所以土长城容易保留下来。而石长城多为就地取材，秦时用石材修建长城不多，主要是修缮原有的在山岭上的旧长城。两千多年过去了，石材容易风化，所以现在留下的石长城遗址非常少。当初修建木长城就更少了，主要是用作支撑点或桥梁衔接等，现在木长城遗址基本上无迹可寻。

其三，用人比较多。但是再多也不会像斯塔夫里阿诺斯想象的那么多，光死就是一百多万，那当时修长城的人数最少应该有三百万，这是不可能的事情。真正修筑长城应该是动用了十几万人，外加一些士卒，不会超过五十万人。就这样还是有一些数据和秦直道、秦驰道的用人相重复，因为当时蒙恬就带领三十万军队在边关，一边修筑长城、直道、驰道，一边镇守边关。

再说，秦长城也是个半拉子工程，并没有完全完工。因为修筑长城的时间是和秦王朝灭亡时间紧密挂钩的。这么大的工程在这么短的时间内怎么可能完工呢？我们从历史中也没能找到关于秦长城全部完工的记载。

不过斯塔夫里阿诺斯最后一句话是事实："老百姓都为筑长城的事诅咒皇帝。"这句话非常好理解，因为在任何一个国家、任何时代征用民力都会被老百姓诅咒的。秦时期这个问题更复杂一些。

首先，秦国刚刚历经漫长的战争统一了其他国家，其他被灭的国家的民众自然是对秦恨之入骨，不征用民力秦始皇照样会挨骂。况且在战争中不管是秦人还是他国人都死伤惨重，秦灭了其他国家，不但收缴了其他国家的土地、民众，也收缴了他们大量的财产，连铁器、农具、菜刀都要么被收缴，要么被一一登记在册。民众能不恨吗？再在战争中有伤亡的亲属、朋友的，这种恨就更深。就是秦国本土的人民也会诅咒皇帝的，因为秦能统一，他们付出了常人难以想象的代价。亲属入伍为军，伤亡在所难免，好不容易熬到秦当了老大，却又要征用他们去当劳役，能不骂吗？

其次，政府之所以大量征用民力修筑国防工程是无奈之举，而另一则原因是在变相的救灾。秦朝自商鞅变法后规定，政府不救灾。然而，翻看史书我们不难看到，从战国初期到战国晚期，各类自然灾害无数。秦统一了六国，沿用的却还是老的法律制度，如果秦不救灾，民众将会死伤无数，尤其是对嬴政刚刚建立起来的新兴政权会有很大的影响。失百姓者失天下，

秦始皇兵马俑

他的江山是不牢靠的。如果救灾，又是违背秦的政策的。这样一来，秦国再颁布任何政令都将会是一纸空文。秦是靠变法兴旺，怎么会自己带头违背法令呢！所以，秦征用民力做国防工程是一举两得、利国利民的好事。就这样，秦征用的民力也是相当有限的。

秦朝修筑各类工程的人员主要有四类：第一类，刑徒。这类的人应该是秦朝国防工程的主要用工人员，《史记·秦始皇本纪》上有提到用隐官刑徒七十多万人，分几批营建阿房宫和骊山工程等。秦长城和驰道、直道等国防工程用这类的人也不少。

第二类，兵卒。蒙恬带有三十万军队驻守在北方边界，一边修建国防工程，一边抗击匈奴。这些人闲时为民工，战时为将士，不养闲人，灵活运用。

王翦征伐百越修筑灵渠用的也主要是王翦将军部下的兵士。

第三类，新兵。秦国在统一以后也在大量征集新兵入伍。这些新兵和老兵一样，闲时是劳工，忙时是战士。这类的人数多，而且是长期义务务工人员。

第四类，就地征用的民力。这类的人很少，而且不是无限期的免费使用，而是有时间限制的有偿劳动。一家有人服徭役就可以减免这家的赋税。而服徭役的时间也是有限制的，一般时长为一个月到一年不等。一月的徭役为更卒，一月到一年之间的徭役为正卒，服役一年的徭役为戍卒。更卒一般都是就近调集的徭役，正卒和戍卒则可以向全国各地征调。而且使用徭役制度是相当严格的，但也并不像《史记》记载的那般残酷。例如《史记·陈涉世家》记载，陈胜一行人因为大雨误了行程，便“失期，法皆斩”。这是陈涉等人在为自己造反找合理的借口，并不符合事实。实际上根据《秦简·徭律》规定：“失期三日至五日，谇（suì）；六日至旬，赀（zī）一盾；过旬，赀一甲。”谇是训诫，赀是罚款。迟到五天以内的，只是训诫，也就是批评教育。迟到六天不足十天的，罚款一盾，超过十天的罚款一甲，并没有记载因为耽误时间而要杀头的。

当然，看到这里你可能会说当年秦朝一边在修筑长城一边还在拆除六国原有的长城，这是不是有些滥用民力财力？

其实不然，秦始皇下令拆除原六国各自在边境上修建的长城以及其他的防御工程为的是让国家成为一体，形成真正的大一统。其目的也是为了便于交通，便于军队迅速调动，防止那些旧的军事工程被反叛者再次利用，造成没必要的麻烦。

万里长城就不一样了，它的意义相当重大，作用和功绩也是显而易见的。如若秦朝用三十万军队防御匈奴的三十万铁骑，长年累月下来，先不算是否获胜，也不算双方伤亡人数，更不算百姓的损失，就单从军资费用来算也其实跟秦修长城的费用相差无几，甚至有过之而无不及。

在修筑长城，以及长城修好以后最少有十年的时间秦朝与匈奴之间没有过大规模的战争，所以，长城的修筑还是有其必要性的。否则到汉代汉惠帝就不会动用十五万人去修缮长城，历朝历代也不会多次耗费巨资维修和重建长城。

人生如棋，步步为营，识局者生，破局者存，揽局者志，掌局者赢，秦国从非子立国到秦朝灭亡，历经三十八代，其中秦公三十代、秦王六代、皇帝两代（子婴依旧为王），历时六百八十五年。其中在五百二十年里，历经三十代国公，秦人就这样一步一个脚印地笑到了最后，却在最鼎盛的时候轰然倒塌，给后世留下无限的想象和遗憾，幸亏有着秦长城和秦直道这些历史印记，它们让我们认识了不一样的秦国，了解了不一样的大历史。以史为镜可以知兴替。历史已去，精神依旧，文化长存。

今天，我们只能顺着这些历史，被古人牵引着去到那两千年前的长城下，想象那个时代人们为了和平所付出的鲜血和汗水，长城功在当代、利在千秋。任何一个人的成功都是要历经磨难的，任何一项伟大的工程都是要付出巨大代价的，虽我们不能感同身受当年修筑长城的艰辛，但爱护文物就是对先祖最好的缅怀和尊敬，尊重历史就是对先人灵魂最大的慰藉。

后记

Afterword

对话古长城

我是在2020年2月14日“情人节”的那一天开始静下心来写长城的文章的，也好，长城成了我的情人，也不枉费我野外考察二十多年对它的爱。

巧合的是，我在这个日子写的第一篇文章是《探秘楚长城》。

记得2017年在济南学习时我跟鲁迅文学院常务副院长李一鸣先生打过一个赌，他说谁要是能用十年的时间写一本书，这本书是可以传世的。我写一本书岂止十年？这本姗姗来迟的长城文化研究写了足有二十多年。这二十多年里，无数人跟我联系时，我都在全国各地的长城遗址上，却始终不见我有研究成果出来。我知道我的作品不能传世，但确实耗时了。

我研究春秋战国长城二十多年，却很少写关于长城的文章，是因为感觉这个文化太过于厚重，我们所能知道和看到的还只是皮毛，尽管我多次去过春秋、战国长城遗址考察，但长城是个线性的文化遗产，春秋至战国时期各国修筑的长城都有几百公里之多，为了避免盲人摸象似的评论，我尽可能进行实地考察。也去过各地博物馆、考古研究院收集各类信息，采访有关学者、专家，参与各类考古研究的会议，还是迟迟没有下定决心来全面完成这部书，因为在我有限的收集中，我还没收集到，甚至还没打问到一本全面写春秋战国长城的书籍，我想，我这应该是第一部吧！至少在非专业的文化读本类是第一部，因此感觉压力很大，任务很重，尤其我身边全是文化大家、历史学家、考古专家，我连学生级别都算不上，写不好是会挨骂的。在著名作家红孩和张建明两位先生的激励下，我不得不鼓起勇气，开始了长城研究的再创作，不求传世，但求无过，希望我的研究能给学术界提供一些有价值的信息，给读者提供一部有参考性的文化读本。

我接触长城的时间很早，最早应该是在少儿时，认识长城是跟众多的人一样，从八达岭长城开始。记得当时个子还没城墙高，感觉长城像巨人，也像后来电影所拍的怪兽，以为长城从天而降自然生成。那时北京离武汉很遥远，当我给同学们讲长城，我说："长城是一条巨龙，从天而降，趴在许多大山上。它特意不落在大地上，就是为了让勇敢的人爬上去，它才会带着人们在太空中遨游。所以说不到长城非好汉，只有勇敢的、有能力的好汉才能爬到长城身上。"显然这是因为年龄太小，误解了导游的讲解，却也生动有趣。那时说起长城的那种自豪，不亚于长城就是我家的，长城就是我的收藏品、我的宝贝。于是，同学们都想当好汉，都想爬长城，那是我们儿时共同的梦想。

后来我知道，长城真是好汉的长城，英雄的长城。它是中国这个巨龙的脊梁，是中华文明的见证者，是一种力量，压不垮、打不倒，永不言败战胜一切的力量。

二十多年来，我在研究秦直道的同时，最关注的历史遗迹就是长城，长城、大运河、蜀道、秦直道都是世界级的伟大工程。这其中有三个大部分遗存又都在陕西或者跟陕西有关，所以我不远千里离开武汉，来到陕西。正如著名散文家红孩写到“想来这个长江边上的女孩子从事文学创作近二十年，出版散文小说十几部，很早就加入中国作家协会了，本该再扩大战果，可她这些年却痴迷对古长城的研究，这期间她还反复考察秦直道、郑国渠、灵渠、阿房宫、秦淮河等。她有她的影视公司，我不知道她赚了多少钱，只知道她将钱几乎全部投在对这些古迹的研究和宣传上了”。其实我也不知道我在这些事情上投入了多少钱，我跨商界和文化界，都是为了这份最真挚的情怀。尽管我的考察十分艰难；尽管很多人对民间考察不太看好；尽管家人不支持，朋友不理解，以至于我经常将自己关在屋子里不愿意去与人交流，感觉说话都是一种多余；尽管我们每次出行都会遇到各种不顺，以至于父亲弥留之际我都没在身边尽孝，因此留下终生的遗憾。

选择没退路，爱了就要义无反顾。秦直道、蜀道、长城，都在崇山峻岭、人迹罕至、虫兽出没之地，明知山上有虎有狼，也得往前蹚。我所遇到的困难不胜枚举。如果不是因为命大，早在二十多年前迈开第一步时就葬身荒野，断了肠子的人消失在天涯了。一次次抱着侥幸心理，自我安慰地一路走来，却也活出了自己的模样和姿态，本乃孤鸟，无奈留情，就保存这份简单的心愿，真诚地活给自己看。

我非常欣赏中国的两个女作家，一个是叶广芩先生，一个是萧红先生，她们是两个完全不同性格，不同地域，不同家庭条件和生活背景的作家，可她们身上都有着一份让人望尘莫及的高贵。她们不只是文笔厉害，她们敢直抒己见，不献媚，不同流合污，不为权势讴歌，心中有方向，尊崇内心，爱憎分明，活得洒脱，活得明白，活得亮亮堂堂。这也是我追求和秉承的方向，人是为自己活的。

许多人认为我写秦直道可以，没必要写长城，因为研究长城的人多，重复的也多，写作难度太大。单写某一个篇章也罢了，若全面铺开来写，就会烦琐而累赘。长城的构造、功能、诞生原因大同小异，当时国与国的历史和战争有许多重叠之处。不写这些历史，一个篇章不完整，背景就交待不清楚，写下来就会有很多重复，读起来会很累。《史记》里也有许多重复，这是没有办法避免的。

但我还是想写写我所了解和见到的长城。我考察、调研长城二十多年收集了无数的资料，但是至今没找到一本全面写春秋战国长城的文化读本，学术性太强的著作或论文毕竟读者有限，生涩难懂，普及性弱。再说每个人研究的方向不一样，对各地长城情况了解得也不一样，我虽谈不上深入的研究，也达不到全面专业的研究，至少能提供一些翔实的资料，也算是为祖宗留下的这一伟大工程作出了一点点贡献吧！

从春秋到战国时期，中国境内有着数十个大的诸侯国，有实力的国家几乎都修筑有长城。它们是中国最早的长城，至今还存有大量的遗迹。在这本书里，我只选择了战国七雄所修筑的比较有代表性的长城作为重点写。很多诸侯国修筑有多处长城，有的长城还有主线和副线，还有短期为了战争而临时修筑的长城，这里面也偶尔穿插一下，但没把它们作为研究和写作的重点。归根结底还是因为证据不足，遗址破坏严重，所以我不能胡写误导读者。相信在以后的考察中会慢慢明晰，争取能在下一部著作中跟读者见面吧！

长城是因为战争而诞生，自然少不了要写当时的战争和其他国家的形式，这里面自然也会写到其他长城。但除了楚、齐、秦、燕、赵、魏、韩七国的主要长城线路会重笔，其他长城为了行文方便顺便带过。因为中国的长城实在太多了，如果一条一条地写，读者会感觉似曾相识，枯燥无味，因为长城大同小异，长城诞生的原因和当时统治者的思想也都大同小异，不同的是换了个地方，换了一群人。我写战国七国长城几乎涵盖了这个时期整个中国的历史、战争和大的形态。至于这个时期到底有多少段长城，这每一段长城的具体修筑时间和长城的走向，很多还没有定论；也有专业的考古队经过数年实地考察得出了一些数据和路线图，也有争议，读者就仁者见仁智者见智好了。

当然，我还考察了这个时期的鲁长城、中山长城等，这些长城的价值丝毫不亚于战国七国长城的价值，但不在我这次的系列写作的范围之内，所以只在书中大致提到，为有兴趣的人提供一点真实的素材而已。

本书虽说文字不长，但我收集资料和野外考察的时间特别久，每一段我所走过的长城和每一件事都烂熟于心，加上前期的考察手记、初稿，写作起来感觉还是很得心应手的，这是我这次最大的收获。

我一直在想，直道是矛、长城是盾，直道是箭、长城是弓，它们原本就是不可分离的一个整体，我既然爱上了直道，必须也要爱这个盾、这张弓的，它们如同干将和莫邪，你中有我，我中有你，是不可分割的，于是，我也要让长城和直道在我的手里万古长青永不分离，这就是我要写这部书的动力所在。

此书是按照春秋到战国时期长城修筑的年代而排序，楚国是第一个修筑长城的国家，早在公元前656年以前就有长城，所以将楚长城排在第一。齐国修筑长城的时间记载不详，根据现在齐地的宣传和有关历史资料，有说齐长城是世界上最早的长城来推断，应该齐国也是在春秋时期就修筑有长城，但应该晚于楚长城，所以排序第二。郑韩长城乃郑国所修，应该在公元前375年以前修筑，因为公元前375年韩国灭了郑国，所以这段长城应该在郑国被灭亡的早期修筑，所以排序第三。魏筑长城有明确记载，公元前358年修筑魏南长城，公元前352年修筑魏北长城，所以排序第四。公元前333年赵国开始在边界修筑长城，因此排序第五。公元前300年左右，燕国开始修筑长城，防御北方戎人，所以排序第六。秦国其实早在秦昭襄王时期就修筑有长城，但是秦长城最有影响的还是秦始皇的万里长城，此时已经是公元前226年左右，所以我将它排在最后。

大部分诸侯国的长城都不是一次性在某一个君王手里完成的，它们都是历经多少代人分多次完成。所有的长城也不是只有一条线，长城是有许多副线的，这本书里我写的是大家都认可，也是有迹可循的春秋战国七国最重要的长城主线。这里面还有许多长城是分多次修筑，而且历年来也在维修和扩建，我这里取的是以最早修筑长城的年份来排序，秦国除外。如有错误之处，请多多指正！

2021年10月26日